什么是好的教育

——学校教育的哲学阐释

SHENME SHI HAODE JIAOYU

——XUEXIAO JIAOYU DE ZHEXUE CHANSHI

刘铁芳　著

高等教育出版社·北京

图书在版编目（CIP）数据

什么是好的教育：学校教育的哲学阐释 / 刘铁芳著. -- 北京：高等教育出版社，2014.8（2025.7重印）
ISBN 978-7-04-040530-9

Ⅰ. ①什… Ⅱ. ①刘… Ⅲ. ①学校教育－理论研究Ⅳ. ① G4

中国版本图书馆 CIP 数据核字 (2014) 第 145823 号

策划编辑　魏延娜　　　责任编辑　魏延娜　王利华
封面设计　李卫青　　　版式设计　李卫青
责任校对　刘丽娴　　　责任印制　耿　轩

出版发行　高等教育出版社
社　　址　北京市西城区德外大街 4 号
邮政编码　100120
印　　刷　河北信瑞彩印刷有限公司
开　　本　880mm × 1230mm　1/32
印　　张　9.75
字　　数　150 千字
购书热线　010-58581118
咨询电话　400-810-0598
网　　址　http://www.hep.edu.cn
　　　　　http://www.hep.com.cn
网上订购　http://www.landraco.com
　　　　　http://www.landraco.com.cn
版　　次　2014 年 8 月第 1 版
印　　次　2025 年 7 月第 14 次印刷
定　　价　29.80 元

物 料 号　40530-00

内容提要

本书以教育哲学的思考介入当下学校教育，抓住“如何激发学生对美好事物的欲求”这一教育的灵魂性问题，展开对学校教育的各个基本要素的哲学解读，借以阐发学校教育的基本理念，进而展现好的学校教育的图景及其可能性：学生迷恋着美好事物；教师心向着学生，以成就学生为己任；校长在理念世界中紧盯着学生健全发展的同时，在现实世界中心向着教师；师生共同浸润在自然与人文彼此辉映的校园之中，共同造就蓬勃向上的学校生命气象。

本书坚持人本立场，突出儿童本位，注重生命关怀与文化引领，立足情境解读，以优美的哲思、通俗的语言娓娓道来，把人们带入好的学校教育的理想诉求之中，给今日学校教育注入正能量。

序

教育朝向美好，生命吐露芬芳

一直欣赏铁芳先生的文章，欣赏他从容优雅的学术行走。从《生命与教化：现代性道德教化问题审理》，到《乡土的逃离与回归：乡村教育的人文重建》，再到《古典传统的回归与教养性教育的重建》《公共生活与公民教育：学校公民教育的哲学探究》，关注生命，关注乡村，关注人文，他的视野一直聚焦在教育的关键问题上。不知不觉中，人们关注教育时，他的身影也成了一道风景。

一直想找机会与铁芳先生交流切磋，但始终缘悭一面。直到不久前6月的一天，突然收到他的一封邮件。他告诉我，去年申请了中国大学视频公开课，做了一个6讲的课程“好的学校教育如何可能”，在爱课程和网易两个网站上公开以后受到广泛好评。在讲稿的基础上修改完善成了一本书，将由高等教育出版社出版，想请我作序。

虽然这段时间我在全力以赴地准备新教育年会的主报告，但我还是愉快地接受了邀请。虽然我告知铁芳先生可能要等开完新教育年会后我才有空动笔，可是我在出差的间隙忙里偷闲读完这本《什么是好的教育——学校教育的哲学阐释》之后，还是忍不住欣然提笔。因为阅读这本书的过程，让我情不自禁地想起2000年我写作《我的教育理想》的日子。那个时候,我差不多也是铁芳现在的年龄，对美好的教育也满怀憧憬。铁芳的这本书，其实在抒发着他的教育理想，倾吐着他对于一所好学校的美好期待。

这是一本教育哲学的读本，但是没有一般哲学著作的晦涩难懂，而是洋溢着激情和诗意。铁芳的许多思想也与新教育的理念息息相通。他强调教育应该是催人向善的，生命应该是朝向美好的。他说：“真正的教育乃是深入我们的心灵、长久地留存在我们的记忆之中，并且催人向善的事物。”他提出：“教育的灵魂就是引导着人不断地去欲求着美好事物，以个体心灵中不断萌生的对美好事物的欲求来激励、引导个体生命的自我成长。”这与新教育倡导的“与人类崇高精神对话”“过一种幸福完整的教育生活”的主张非常契合。

言为心声。或许铁芳的思想与新教育理念之所以合拍，也因为这些语言文字并非水中的浮萍，而是直接扎根在教育一线的热土之中。铁芳是中师生出身，有过做中小学教师的经历。我认为这对于一位学者来说，是非常接地气的宝贵财富。他的文字，有泥土的厚重，有田野的芬芳。他告诉我们，走进学校，走进课堂，最本源的感受就是生命感，是活生生的生命感，“是对年轻生命积极向上、蓬勃生长的欲求与状态的感受”。这种珍惜、欣赏活生生的生命的感觉,是优秀教师必须具备的基本品质。他告诉我们，尽管学校教育的形式不断发生变化，但师生朝向美好事物的心灵不会变化，学校教育以唤起个体对美好事物的欲求作为教育的根本目的不会变化。作为生活在师生关系之中的教师，最重要的使命，也就是呈现美好、体验美好、唤醒美好、朝向美好。

是的，我们之所以需要教育，是因为我们相信教育能够把人类带向美好。我们之所以用心去做教育，是因为我们相信每个生命都是朝向美好的。生活在教育中，就是生活在美好中。也只有让教育始终朝向美好，所有生命才能如其所是地吐露芬芳。记得铁芳说过，近些年他拒绝了大多数讲座的邀请，希望有更多的时间静下来，投入到一些教育根本问题的研究中。一位年轻学者能够有这样的自觉，让人动容。我相信，他如此把教育生命扎根于教学田野，一定会芬芳四溢。就让我们一起随着铁芳先生的文字，朝向美好的教育，走向美好的未来，创造美好的人生吧！

是为序。

朱永新

2014 年 7 月 1 日于北京滴石斋

目录

引言

探寻学校教育的灵魂

曾有一段时间，我每天早上在湘江边散步，看到旭日一点点从东方升起，连同对岸的高楼，映照在江水之中，山水洲城连接成一幅美丽的图画，随手拍成一张照片，就很动人。

湘江日出

遇到天气不好，看不见太阳，同样的场景却变得索然无味，眼前的事物只是散乱地凑合在个人的视线里。我突然明白，正是早晨的阳光赋予山水洲城的组合以灵魂，让阳光掩映中的万物呈现出勃勃生机，让古老的大地显现出生的力量。如果说我们视线中的诸种事物是构成一幅图画的构件，也即质料，那么，旭日就是使得这幅画显现出意义的形式所在。

其实，人的成长也一样，肉身以及基于肉身的行动，乃是人生的质料。但人之为人不止于此，人不止是行走的肉身，人还追求生命的意义。人不仅追求活着，而且追求更好地活着。求得更好的生活、更有意义的生活，这是人之为人的根本所在。正是对更好、更有意义的生活的欲求，让行走的肉身呈现出积极向上的生命活力，从而引导个体精神生命的生长、生成。人作为行走的肉身的成长过程，乃是动物性的，是基于本能的生长；人作为欲求更高、更美好生活的生命存在，则是人化的过程，是人性因为美好事物的浸润而得以濡化的过程，是教育发生的过程。教育的过程就是以激发个体对美善事物的欲求来促成个体生命的自我生长与生成。人的生命是一个复杂的整体，但不管人的生命多么复杂，其灵魂就在于对更高、更好生活的欲求。人的教育同样是一个复杂的过程，但不管教育如何复杂，其灵魂就在于激活个体内心对美好事物的欲求，以此来激励个体生命不断地自我生长与生成。在这个意义上，**教育的灵魂就是引导着人不断地去欲求美好事物，以个体心灵中不断萌生的对美好事物的欲求来激励、引导个体生命的自我成长。**

走进学校，走进课堂，我们最本源的感受是什么？就是生命感，是**活生生的生命感，是对年轻生命积极向上、蓬勃生长的欲求与状态的感受。**失去了生命的生长感，我们眼中的学校、课堂，就不过是暮气沉沉。优良的教育在任何时候都应该让个体找到生命的生长与生成感。没有生命的生长与生成渗透其中，学校教育就是没有灵魂的实践。这里的关键点就是两个：其一，教育的根本在于个体自身，任何教育都需要回到个体，回到个体的自我成长与自我教育；其二，个体自我成长与自我教育的关键在于个体的心灵，在于心灵对美好事物的欲求，正是**个体内心之中萌发出来的对美好事物的欲求激发个体自我成长的力量，引领个体自我成长的方向。**教育的根本在于个体自身，教育如不能激发个体自我成长的内在力量，则教育必然走向被动灌输，就不可能有健全自我的生长、生成。自我成长的根本在于心灵，在于个体心灵对美好事物的欲求，由此而构成个体成长的方向与动力。缺乏对美好事物的体验，个体内心缺少了光亮，个体发展就是盲目的，无法聚集自我成长的内在力量，人性之湍流找不到合理的方向，个体就只能作为智能性的动物横向发展其社会适应能力，而不足以作为自主而完整的人成全其积极向上的人性。

人类发展历经茹毛饮血，是什么照亮了人类漫漫长夜，进而显现文明的曙光？什么是支撑人类文明之光愈益壮大的内在动力？那照亮人类的夜空的，是人类对真、善、美的永恒追求。一种文化，是否有高下之别，关键在于其中所隐含的对美善事物的追求。文化的高下，不在其外在的形式，而在其内涵，在其内在对美善事物追求的程度。所谓“山不在高，有仙则名；水不在深，有龙则灵”，一种文化，只要其灵魂在激励人们对美善事物的欲求，这种文化就是有高度的，合乎人性的。

个体发展同样经历懵懂无知的婴幼儿时代，是什么照亮了个体的心智，让个体一点点走出蒙昧无知？那点燃个体蒙昧的，正是个体内心之中对真、善、美等美好事物的渴望。**个体生命的高度，并不在于其外在的形式，而在于其内心欲求真、善、美的程度，在于其在何种程度上追求和实践着真、善、美的生命理想。**教育的过程就是一个人文化化的过程。那些从未为美好事物所浸润的心灵，那些从来没有被人类优美的文化所浸润、打动的人，他们的灵魂之中从来就没有被充分地激励出美好事物的火花。缺少了对美好事物的欲求，他们的人生难免处于不安、迷茫、没有方向的状态之中，某一天走上不归路既有偶然性，也有必然性。当恶在某个人身上体现出来的时候，我们当然需要谴责他的恶。但仅仅谴责是不够的，我们还需要进一步寻求预防、遏制恶的发生的力量，那就是如何在每个人的心中播下美善事物的种子。

我们经常可以听到这样的抱怨：我们今天的教育正越来越多地培养有知识而无文化的人。这种说法当然有失偏颇，但其中确实折射出今日学校教育的某种困境，那就是我们在造就越来越多的知识丰富、智力优秀的年轻人之时，却并没有寄予他们以相应的文化影响。这其中隐含的问题至少包括这么几个方面：知识的教育与文化的影响并不相同；知识的习得更多地关乎思维，文化影响的获致则关乎整个人的存在，首当其冲关乎人的心灵；知识更多地以一种显在的方式教学，文化的影响则更多地是一种悄无声息的浸润。文化究其实质而言乃是人的活法，也就是人的生存方式。文化的中心是价值，人类优秀的文化之所以代代相传、绵延不绝，正在于其中所蕴含的人类对美好生活的精神祈求，朝向文化的过程就是内心为美好事物所吸引、自觉浸润其中的过程。也正因为如此，教育的过程与文化的过程同构，**教育的过程就是把人类文化中所蕴含的对美好事物的欲求转化成正在成长中的青少年个体内心之中对美好事物的生动欲求。**

学校教育的形式不断发生变化，但人类欲求美好事物的心灵不变，学校教育以唤起个体对美好事物的欲求作为教育的根本目的不变，**优良的教育就是如何给予个体美好事物的经历。**点燃人的内心，才是学校教育的灵魂之所在。许多时候，就是因为学校教育有形无形中的一个充满激励的行动（无形更加可贵，这意味着对学生的引导与激励已成为学校文化精神的一部分），唤起了某个学生内心的转变，从而唤起他整体生命姿态的转变，由此而获得个体人生转变的契机。

2005年度诺贝尔物理学奖得主、82岁的美国哈佛大学罗伊·格劳伯教授来到延安中学，与中学生面对面交流。有学生提问，现在中国的实验室为什么培养不出诺贝尔奖得主？格劳伯回答说，决定一个实验室能不能出诺贝尔奖得主的关键不是设施的好坏，而是实验室的氛围。即使有最好的设备和设施，如果一个实验室总是急功近利，也肯定不会出现优秀的科学家和成果。科学家要解决的问题是“为什么”，而不是“为了拿什么奖”。格劳伯在回答了学生们一个又一个问题后，微笑着说：“我觉得在今天到场的先生中，也许就有未来的诺贝尔奖得主。科学需要你始终保持好奇和探索精神。至于得奖，一切会水到渠成。”①

今日学校教育，很多时候就是一种“为了拿什么奖”的教育，师生为了外在的结果而疲于奔命，以至于忽视了过程对于学生生命成长的意义。长盛不衰的应试教育，很少真正顾及孩子们的生命感受，这意味着我们今天的教育整体上是灌输的，不管教师课堂上是否用启发式的教学方法，都难以

① 陈煜骅. 诺奖得主格劳伯对话上海中学生：好设施“堆”不出诺奖[N]. 解放日报，2007-06-27.

改变整体教育之灌输的特性。应试教育的关键词，依然是以分数为目标中心、以效率为过程中心而展开的。换言之，应试教育设计从整体而言，就不是为着每个孩子来设计的，所谓的“因材施教”不过是一句无法落实的海市蜃楼而已。这样的结果就是无数的孩子，也许在学业上升的阶梯上，一步步成功地走过来，但他们几乎都没有真正体验过学习与成长的快乐以及读书带来的自我生命的充实与愉悦。他们有优良的学习成绩，却没有真正的学业，因为他们读了十多年书，却没有找到读书的兴趣与乐趣所在。我们来看这样一则典型报道：①

近年来，河北衡水中学考入北大、清华的学生有数百人，被称为超级中学。衡水中学因此吸引了周边地市的大量“尖子生”。衡水中学的秘诀就是把学生做题的潜力挖掘到极致，连学生等待打饭的时间都要被用于做题。河北省教育厅官员称，衡水中学充其量只是一个大学生的加工厂。

6月5日，临近中午，衡水中学高三430班，教室里偶有翻书声，学生们低头学习。教室墙上挂着红色条幅，“血狼精神，与我同在”，这是班级“信条”。后面墙的黑板上，写着“今日疯狂，明日辉煌”。

① 宋识径．河北衡水中学军事化备考被指为大学生加工厂[N]．新京报，2012-06-09.

“今日疯狂，明日辉煌”几乎是“吃得苦中苦，方为人上人”的现代翻版。这是一种赤裸裸的教育功利主义。这样的教育怎能培养出孩子们对学习的纯粹的兴趣，从而让这种兴趣能长久地保持，由此而转化成创造性的人生呢？当然，我们这里简单地指责衡水中学是不够的，或者说也是不公平的，他们只不过是整个应试教育整体中的一个极端写照而已。没有理想的教育可能是高效的，但必然是平庸的。斯特劳斯一语中的：“所谓平庸，就是缺乏美好事物的经历。”

好的学校教育，一定是当下就能感觉到好的教育，也就是个体能从中获得美好事物体验的教育。**好的学校教育意味着唤起美好事物的欲求于当下，好的事物在当下，在此时此地，向着个体涌现，使得个体成为向着好的事物开启的存在，成为欲求着美好事物的存在。**好的学校教育，让当下的孩子找到自我生命的尊严与作为儿童存在的幸福感。“让课堂焕发生命活力”（叶澜），就是凸显教育过程的生命性，强调在当下的教育中直接地促成个体尊严与幸福的达成。好的学校教育不仅直接地影响着当下，确切地说，还直接地构建着个体当下的美好生存，同时作为结果指向未来，指向个体完整人格的生成。换言之，好的学校教育总是意味着个体越来越多地欲求美好事物，从而以开放性的对美好事物的不断欲求引领着个体积极向上的人生。

既然如此，给予我们的孩子以美好事物的经历，难道不正是今日中国学校教育的灵魂与使命之所在?

有一支西方考察队在神秘的原始森林考察，请了当地的印第安人做向导。每次连续行进几天以后，这位印第安向导都会要求队伍停下来休息一天。他说："我们走得太快了，灵魂跟不上，要停下来，等一等灵魂。"在古印第安，人们相信，灵魂是跟着人行走的。如若人走得太快，灵魂会跟不上。我们常常走得太远，以至于忘了我们从哪里出发，以及为什么出发。正因为如此，我们需要给自己留点空间，以溯本追源，不断地返回我们出发的地方。

让我们且行且思……

一

教育：唤起对美好事物的欲求

20世纪80年代，李泽厚先生就提出，在21世纪，心理与教育问题可能会成为所有事情中最重要的问题。时至今日，李泽厚先生的预言正逐渐成为现实。因为社会发展越来越多地转向以人为本，以人的生命质量为本，而教育就直接地关涉每个人的生命品质。可以说，一个人所经历的教育品质的高低，直接地决定着一个人的生命品质的高低。

教育的重要性将日益凸显，但究竟如何理解教育、厘清学校教育的基本问题，这确实是一个十分棘手的难题。历史上对什么是教育的问题有着各种各样的思考，但从来就没有标准答案，也许永远也不会有标准答案。什么是教育的问题，乃是那种值得我们永远去探究的问题。正是不断地追寻着对什么是教育之问题的应答过程，激活并保持着教师心灵生活的活跃与丰富，为我们的教育行动提供卓越的心灵基础，以求得我们的教育实践品质的提升。

什么是教育：回到个人记忆中的美好教育

究竟什么是教育？当我们追问“什么是教育”之时，我们的追问之中总是内含着我们对更好的教育的期待，换言之，我们并不满足于现成的教育事实。这意味着当我们追问“什么是教育”之时，其实质就是追问“什么是好的教育”。那么，什么是好的教育呢？

显然，要准确地说出好的教育的内涵，几乎是不可能的，至少也是十分困难的。我们所能做的乃是从我们所能感受到的现实的好的教育踪迹出发，来探寻我们对“什么是好的教育”的关键质素的回答。

每个人都离不开教育，每个人都需要通过教育才能成为人。仔细想想，一个人一生有多少时光在学校中度过？我们的教育生活给我们留下了什么样的记忆？我们对所亲历的教育是心怀眷念，还是感到毫无亮光？回忆个人所亲历的教育生活片段，哪些因素构成我们关于教育的美好记忆？哪些因素相反，让我们心存芥蒂？我们来看一位小学校长读书时的片段：

记得有次语文课，我写完作业后有些无聊，看见老师走出教室，可能拿教具去了。我侧过头，看着同桌的男孩正在专注地写字，忽然觉得他的耳垂肉乎乎的，很好玩。于是，我伸出手使劲拽了拽他的耳朵。恰巧在这个时候，老师从后门走进了教室，正好看到了我这个顽皮的动作，我瞬间害怕起来。可是，老师没有打我，也没有罚我，只是轻轻地伸出手指，在我脑门上抚摸了一下。时光流转，这件事一晃就过去了二十多年，可是那充满紧张、忐忑、庆幸、感激的一幕却永远留在我的脑海里，老师不经意的一拂让我明白了，原来，宽容就是一种深深的爱。①

那节课上老师讲述的具体内容早已忘记，留在记忆之中的是当“我”顽皮的时候，老师伸出手指，在脑门上抚摸了一下。正是这一带有亲切感的抚摸，让“我”感受到一种宽容的爱。这一看似非正常教学的行动，却成了真正的教育。因为它不仅**触动了人的心灵，让心灵变得丰富，**而且**让人变得更好。**

几年前，一位研究生在面试时谈及初中一年级的经历，讲到有一次，一位女老师因为家人出车祸，压力很大，在课堂上大哭起来，让人印象深刻。之所以深刻，是因为那一刻，

① 案例由长沙市天心区天心小学刘菲菲提供。

这位女老师把学生当成了自己的朋友、弟弟、妹妹，教师把自我生命真切地投入进去，大哭之中，既是生活压力的释放，也让学生思考生活的意义，学会面对生活。

显然，能够存留在记忆深处的教育场景，一定是当初触动了个体心灵并且引导个体心灵向善的场景。爱因斯坦曾称道这样一个关于教育的定义："如果一个人忘掉了他在学校里所学到的每一样东西，那么留下来的就是教育。"①

当学生离开学校以后，把在学校学到的知识都忘记，剩下的东西就是教育。这当然不是关于教育本身的定义，但这个不是定义的定义提示我们：**真正的教育乃是深入我们的心灵、长久地留存在我们的记忆之中，并且催人向善的事物。**教育的中心是育人，教育的根本指向乃是人，好的教育一定是教育中的人切身地感受到好的教育。正是个体在教育情境中切身地感受到的好构成了个体对教育的美好记忆。反过来，个体关于教育的美好记忆构成我们探索何为好的教育的本体性依据。

我们把对教育生活的记忆带到对教育的思考与实践之中，让鲜活的记忆成为思考的资源。可以说，**留驻个人对美好教育的鲜活记忆，可谓我们思考、追求好的教育的个人性起点。**

---

① 爱因斯坦. 走近爱因斯坦[M]. 沈阳：辽宁教育出版社，2005：102—103.

返回苏格拉底：人类美好教育记忆的典范

要厘清教育的内涵，并不是一件容易的事情。“不识庐山真面目，只缘身在此山中。”长期身处当下教育实际之中，我们往往难以真切地理解教育，这意味着我们仅靠个人记忆，并不足以形成对好的教育的整体性认识。我们试图回到人类美好教育记忆之典范的苏格拉底，用原型解读的方式来寻求教育的真谛。

在人类历史上，有很多弥足珍贵的教育记忆，构成我们思考“什么是教育”之问题的人类意义上的起点。苏格拉底就是这样的典范之一。

苏格拉底

苏格拉底（公元前469—公元前399），古希腊著名的思想家、哲学家、教育家。他和他的学生柏拉图（公元前427—公元前347），以及柏拉图的学生亚里士多德（公元前384—公元前322）被并称为“古希腊三贤”，被后人广泛认为是西方哲学的奠基者。

苏格拉底出生于雅典一个普通公民的家庭。其父是雕刻匠，母亲是助产妇。苏格拉底生就扁平的鼻子、肥厚的嘴唇、凸出的眼睛、笨拙而矮小的身体。他容貌平凡，并非今日的俊男，甚至有点丑，却赢得了历史上无可比拟的美誉。他的经历告诉我们，**一个人可以凭借神圣的思想与卓越的灵魂来成就自我，而不是仰赖其他一切外在条件。**苏格拉底作为古希腊著名的哲人，他也常常被作为教师的典范，成为西方教育史上乃至人类教育史上无法抹去的美好教育的印记。

我们来看色诺芬（公元前430—公元前354）写下的苏格拉底就个人教育实践与安提丰（公元前426—公元前373）的一段对话。

安提丰说苏格拉底在教授学生的过程中不接受酬金可能是一个正义的人，但绝不是一个明智的人，苏格拉底回答：

“安提丰，正如别人所欢喜的是一匹好马、一条狗或一只鸟一样，在更大的程度上我所欢喜的乃是有价值的朋友；

而且，如果我知道什么好的事情，我就传授给他们，并把他们介绍给我所认为会使他们在德行方面有所增长的任何其他教师。贤明的古人在他们所著的书中遗留下来的宝贵的遗产，我也和他们共同研讨探索，如果我们从古人的书中发现什么好的东西，我们就把它摘录出来，我们把能够这样彼此帮助看为是极大的收获。”①

作为苏格拉底弟子的色诺芬，与苏格拉底是同时代的人，他的记录具有较高的真实性。我们说苏格拉底在西方教育史上，乃至人类教育史上具有典范的意义，这段苏格拉底的自我描述可谓作为教师原型的苏格拉底之教育实践的生动阐释。我们思考一下，这段话语中有哪些富于意味的词?

“欢喜”“有价值”“朋友”“好的事情”“传授”“介绍”“德行”的“增长”“宝贵的遗产”“共同研讨”“贤明的古人”“好的东西”“摘录”“彼此帮助”“极大的收获”

这些跟苏格拉底教育实践相关的有意味的语词，大抵分为三类:一是从苏格拉底出发的语词,包括“欢喜”“朋友”“彼此帮助”，这里涉及的是教育情境中的人及其基本状态，好的教育实践总是以教育中人的积极状态为基础的。二是表示

① 色诺芬．回忆苏格拉底[M]．吴永泉，译．北京：商务印书馆，1984：37.

行为的词语，包括“传授”“介绍”“共同研讨”“摘录”，尽管时间过去了两千多年，但实际上关于教育的基本行为方式无非就是苏格拉底那个时候所实践的“传授”“介绍”“共同研讨”“摘录”等形式。甚至可以说，不管今后文明如何发展，技术如何进步，教育的基础形式，始终离不开这些最基本的词汇。三是表示对象或事物的语词，“有价值的朋友”“好的事情”“贤明的古人”“好的东西”“德行”的“增长”。学习就是去接近好的事情，教育的过程就是不断去亲近经典、亲近贤明古人，去发现、分享其中的“好的东西”，最终达到“德行”的“增长”。

第一类代表苏格拉底教育实践的基础，那就是生活中的喜好与朋友式的交往；第二类是具体的教育行为方式；第三类表示教育所要寻求的事物和达到的目标。综合起来，苏格拉底所代表的教育实践，就是**建立在个人喜好之上的、与好的朋友一起教授、分享、追求好的事物。**

苏格拉底与安提丰的这段对话可以说展示了其所代表的理想教育的要义：出发点是爱欲，也就是爱的情感态度，理想教育的出发点就是个人的爱，爱的情感。所谓“知之者不如好之者，好之者不如乐之者”，好的教育离不开个人情感的进入。

爱欲指向的是什么呢？指向的是“好的事情”“好的东西”。如果说普通人爱欲的对象是“一匹好马、一条狗或一只鸟”等日常事物，好的教育不过把普通人的爱欲转向更高的事物。苏格拉底所期待的理想的教育，就是要让普通人的爱好，或者说日常生活中的爱欲转向“好的事情”“好的东西”。在这个意义上，好的教育，其实就是充分地激发人对“好的事情”“好的东西”的爱欲，不断地去寻求“好的事情”“好的东西”，发现“好的事情”“好的东西”。

如何激活个体对“好的事情”“好的东西”的爱欲？那就是通过朋友式的交往以及对贤明的古人所著的书的共同研讨探索。

爱欲指涉教育发生的心理基础；朋友式的交往指涉日常生活形式，教育非它，不过是与“有才德的人交朋友”而已；“好的事情”指涉对日常生活的超越，教育乃是对美好事物的寻求，开启生活的可能性。**教育以爱欲为基础，以生活式的交往为形式，以好的事物为目标，最终达到德行的发展与个体人格的完满。**

这里特别值得一提的是，“朋友式的交往”“分享”“共同研讨”“彼此帮助”这些词所蕴含的启示：真正的教育并不是单向的，而一定是师生彼此的收获与成全。

教育的灵魂：对美善事物的欲求

我们常说，有人的地方就有教育。教育伴随着人类的发生、发展，教育也伴随着个体的成长，教育乃是一种以育人为中心的活动。教育作为一种以育人为中心的活动，其核心正在于激活个体对美好事物的欲求，对美好事物欲求的唤起引导人成为人。苏格拉底之所以成为人类历史上难以磨灭的教育典范，就在于他不断地、深深地激励着当时乃至后世的人们，去追寻美好事物。苏格拉底所开启的教育实践，其核心乃是发生在个体灵魂之中对美好事物的追求。这里的美好事物乃是包蕴在日常生活世界之中又超越于日常生活之上的以真、善、美为核心的价值事物。

从苏格拉底到柏拉图，一直到夸美纽斯（1592—1670），其中传递下来的基本教育信条就是，人的灵魂之中潜藏着美善知识的种子，教育就是把这种种子引发出来。这里的种子其实就是包蕴在人类文化之中的美好事物的记忆。《美诺篇》中，苏格拉底引证祭司的话说，人的灵魂是不死的，它一会儿完结了，一会儿又回转了，却永远不消失。“既然灵魂是不朽的，可以不断出现重生，它已经获知了这个世界以及别的世界中的一切，所以它能回想起先前已知的有关美德与别的事情的知识，这是不必惊奇的……因此，寻求与学习并不是别的，不过就是回忆。”① 显然，苏格拉底所谓教育即回忆，其实就是如何让人类过去累积起来的美好记忆，重新被激活在个体身上。《说文解字》的解释，“教，上所施，下所效也”；“育，养子使作善也”。不同国度，对教育的不同理解中，都包容着对美善事物的欲求。人包容在人类之中，**人之为人的根本就在于把人类文化中的美好记忆活化在个体身上，由此而让个体活在人类之中，上升到人类精神的高度。**

教师有着“人类灵魂的工程师”的美誉，这种美誉的源泉正在于教师如何充分激励唤起个体灵魂对美善事物的欲求，提升个体灵魂的境界。这意味着学校教育需要超越知识技能的授受，而上升到文化精神价值的陶冶。雅斯贝尔斯（1883—1969）反复强调：“教育乃是灵魂的教育，而非理智知识和认识的堆积。”② 尽管知识技能的授受是必要的，特别是在今天，社会越来越多地成为知识化社会的时候，问题在于，我们不能止于知识技能的授受，这样的教

① 柏拉图．柏拉图对话集[M]．王太庆，译．北京：商务印书馆，2004：71—172．

② 雅斯贝尔斯．什么是教育[M]．邹进，译．北京：生活·读书·新知三联书店，1991：4．

育乃是成器的教育，而不是完整成人的教育。知识在教育中当然是重要的，但比知识更重要的是人格，是灵魂的美善。这在马加爵、药家鑫等典型案例中可见一斑。他们在知识技能的发展上，应该说达到了一定的高度，但他们的灵魂始终停留在一己自我的情感欲望之中，并没有上升到人类共通性的、超越一己自我之上的对美善事物的欲求，换言之，他们还并不足以在精神上达到个体成人的高度。正如苏霍姆林斯基（1918—1970）之帕夫雷什中学入口处所写的校训：你在咱们学校应当探索的最主要的东西，就是生活目的。人之根本在于人的灵魂，在于灵魂的美善，学校教育需要超越诸种知识技能的训练，上升到个体精神生长与灵魂化育的高度。我们强调对美好事物的欲求作为教育的灵魂，当然不是否定各种具体的知识学习路径，而是强调任何知识学习路径，都要体现个体对美好事物的欲求。

个体对美好事物的欲求并不是个体纯自然的诉求，而是一种文化的行动。正因为如此，教育乃是一种在文化之中、朝向文化的行动。正如苏格拉底所言，向贤明的古人学习、学习宝贵的遗产、接近好的事物，可谓唤起美好事物欲求的基本路径。这意味着就学校教育而言，加强文化的浸润和经典的启迪，乃是永恒的主题。

一个人从蒙昧之中转向人之为人的世界，对周遭事物中的爱与美的体验构成一个人成为人的精神起点。爱与美的体验，唤起个体向着周遭世界的开放性，由此而逐渐把自我从动物性生存提升到人的精神高度。人之为人的根本就在于内心之中对美好事物的欲求，对美好事物的欲求乃是心灵生活的能力。**教育作为个体成人的实践，其基本路径就是激活个体原初性的感受世界、体验美好事物、孕育心灵生活的能力。人活在世界中，需要各种能力，但最重要、又看不见的能力，乃是心灵生活的能力，也就是心灵感受、发现、建构美好事物的能力。**请看我女儿和她妈妈的一段对话：

有一次，妈妈看到5岁的女儿诗晴在画画。

妈妈问她："画的是什么？"

诗晴说："画的是天使。"

妈妈又问："天使是干什么的？"

诗晴说："天使会飞。"

妈妈问："天使还会干什么呢？"

诗晴说："有魔法。"

妈妈又问："天使用魔法来干什么呢？"

诗晴说："帮全世界的小朋友实现梦想。"

妈妈再问："那你要不要做天使？"

诗晴说："我要做全世界最好的天使。"

这一刻，我的女儿心中燃起了对成为美好天使的梦想，她的自然生命中涌现出了对更高事物的诉求，她走在成为人的心灵之路上。画画之技能的训练，并不足以让人成为人，唯有在技能的训练中启迪人的灵魂对美善事物的欲求，真正的教育才能得以发生。

我们来看《卡拉马佐夫兄弟》中的一段演说。贫穷的孩子伊留莎死了，阿廖沙和伊留莎的同学们按照宗教仪式埋葬了伊留莎。孩子们快要分手，阿廖沙在葬伊留莎的石头旁发表演说：

"你们要知道，一个好的回忆，特别是儿童时代，从父母家里留下来的回忆，是世上最高尚、最强烈、最健康，而且对未来的生活最为有益的东西。人们对你们讲了许多教育你们的话，但是从儿童时代保存下来的美好、神圣的回忆也许是最好的回忆。如果一个人能把许多这类的回忆带到生活里去，他就会一辈子得救。"①

引导个体成人最重要的因素，正是一个人内心之中萌发出来的对美好事物的欲求。一个人从小开始就充分地体验了

① 陀思妥耶夫斯基．卡拉马佐夫兄弟[M]．耿济之，译．北京：人民文学出版社，1981：1166．

美好事物，心中就埋下了美善事物的种子，这种种子在个体成长过程中不断地生长起来，得到丰富扩展，变成一种个体成人的内在力量。**对美好事物的欲求奠定在个体生命初期，儿童教育的中心，就是给予一个人生命初期以美好事物的经历，激活个体人生之中对美好事物的爱。**一个人从小缺少了对美好事物的体验，他的人性难免为生蛮性所充斥，长大之后就很难成为一个内心丰富的人、一个内心柔软的人、一个真正有教养的人。正如苏霍姆林斯基所言："要使孩子成为有教养的人，第一，要有欢乐、幸福以及对世界的乐观感受。教育学方面真正的人道主义精神就在于珍惜孩子有权享受的欢乐和幸福。"①

电影《肖申克的救赎》中黑人狱友瑞德这样说道："记住，希望总是好的，也许是人间至善，美好的事物永不消逝。"美好的事物一旦点燃了个体心灵，就已然成为我们生命的一部分，成为我们生命向上的永恒冲动，人性的亮光不会消失，从我们有形无形的生命回忆中不断地涌向当下，让个体在内心之中保持这种高贵的精神祈望。常言所谓守护童心，其实就是**在个体成长的过程中不断地保持真诚之心，以保持对美**

① 苏霍姆林斯基. 怎样培养真正的人[M]. 蔡汀，译. 北京：教育科学出版社，1992：5.

好事物的敏感性，保持个体开放而丰富的心灵，激励人生发展的可能性。正是在这个意义上，深刻地影响儿童心灵的教育可谓这个世界上更神圣的事业，教育也因此而成为一种信仰。

教育的实践形式：人与人的生动交往

对美好事物的欲求何以可能？不能灌输，只能是启发诱导，彼此激励、鼓舞、唤醒。正如雅斯贝尔斯所言，教育本身意味着，一棵树摇动另一棵树，一朵云推动另一朵云，一个灵魂唤醒另一个灵魂。教育的主旨是个体成人，人在属人的世界中成为人。**教育在任何时候都是人的活动，是人与人之间的活动，是生动的人与人之间的交往。**人与人的生动交往，在给人以美好情感体验的同时，激励、唤起个体对美好事物的爱。真正的教育不是孤独个人的死记硬背，不是彼此封闭的机械训练。教育不是，至少不止是生活的准备，教育本身就是生活，这意味着教育之生活基础的扩展乃是今日学校教育的应有之义。

这里值得思考的问题是，教育基于人与人的交往，但在现实教育中，师生不总是处于交往之中么？我们强调人与人的生动交往作为教育的基础，到底意味着什么？这是我的另一则女儿成长日记：

早上起来，女儿诗晴跟妈妈说，她好失望。妈妈问她为什么。她说，昨天，老师给班上两个表现最好的小朋友发糖果作为奖励了，她没有得到奖励。妈妈问发给谁了，诗晴说班上个子最小、平时很老实的两个小朋友。诗晴在班上其实已经属于相当听话的小朋友了，只是跟几个好朋友在一起时喜欢说话。诗晴不属于最听话的那种，自然得不到老师的糖果奖励。（2013 年 3 月 19 日）

我们分析这其中师生交往的方式，当老师要评判学生、奖励学生的时候，老师不是把自己和学生置于平等的交往情境之中，而是处于甄别学生的角色中。甄别大于交往，实际上弱化了师生的交往特征。教育中理想的交往情境就是苏格拉底所言的在共同追寻美好事物的过程中，彼此分享、相互帮助、彼此成全的生活形式。

我们再来看一个日常生活中的片段：幼儿园的楼梯上，一位父亲面色严肃地对小孩子说："快点走，快点走，别磨蹭。我还要上班。"显然，此时此刻，父亲和小孩在一起，但他想的是如何赶快把孩子送走，自己去上班，他实际上就无法倾心于当下与孩子的交往，他没有也无需去考量此时此刻孩子为什么会磨蹭。所谓“身在曹营心在汉”，身虽然在送小孩，心已经投入到上班的紧迫之中了。师生交往亦是这个道理，当师生交往不过是为了完成任务，指向外在的目标，这个时候，我们实际上就没有倾心于当下的师生交往本身。

正如一百余年前的哈佛哲人詹姆斯（1842—1910）所言：“构成一所大学最本质的品质是什么？多年前在新英格兰，据说路边的一根圆木上，一端坐着一个学生，另一端坐着马克·霍普金斯，那便是一所大学。一个学校的质量取决于学校里人的素质。……教育从长远来说是一件在每个学生和他的机构之间展开的事情。我们过多谈论的方法，只起了次要的作用。……最重要的是为他们提供更多的人际接触。”①真正的大学就是人与人的交往，是年轻人与有学问的长者之间的亲密接触。这就是梅贻琦校长的名言“所谓大学者，非谓有大楼之谓也，有大师之谓也”的含义所在。

教育就其实质而言，乃是人与人之间的生动交往，或者说人与人的交往构成教育实践的底蕴与基础。正因为如此，

---

① 哈佛燕京学社．人文学与大学理念[M]．南京：江苏教育出版社，2007：156—157.

就当前教育实际而言，一方面，我们应该扩展体制化的学校教育之中的师生交往、生生交往，特别是师生交往。师生交往的扩展可以补充课堂教学的不足，同时积极的师生交往本身就是一种教育的实践形式。**任何教育活动都建立在交往的基础上，所谓“亲其师则信其道”，师生之间的亲近联系，可谓一切优良教育实践的基础。**不仅如此，广泛的师生交往使得师生之间的相互帮助成为可能。师生交往的多样性，一起读书、下棋、共同参加游戏活动，构成优良学校教育的基本形式。回顾我们过去的学校生活经历，真正让人留恋的可能正是师生、生生学校生活中的各种非设计的、充满温情的交往。

另一方面，是日常生活中的交往的扩展。我们在生活中各种各样的交流沟通所获得的美好的心灵体验，实际上都是构成个体成长的教育内涵。完整的教育不仅包括学校教育中的教，而且包括日常生活中的养。良好的家庭教育就是亲子之间的爱的陪伴，富于爱心的亲子交流乃是家庭教育的要义所在。一个人成长的过程绝不是关起门来读书、背诵、解题的过程，广泛的社会交往与体验，实际上都是日常生活中的教育形式。特别是跟苏格拉底所言的“有价值的朋友”，也就是那种活在对美好事物欲求之中的人的交往，更是一个人成长不可或缺的形式。一旦我们把生活中的各种自由交往与活动都变成各种功用化的训练，个体就成了被训练的动物。

教育直接地建立在人与人的交往之上，人与人的交往首先是直接的、现实的人与人的交往；其次也包括人与作品中的人的交往，譬如欣赏电影、戏剧时进入与其中相关角色的想象性交往情境之中，或人与作品的交往，比如阅读，经典阅读其实就是我们跟“贤明的古人”一起分享、交流的过程。这种交往也可以延伸到人与自然，当个体与鲜活的自然交往，或者寄予自然某种迷魅之时，自然也就成了鲜活的生命个体与人发生关系。

“鹅鹅鹅，曲项向天歌。白毛浮绿水，红掌拨清波。”（骆宾王《咏鹅》）这是骆宾王七岁写下的诗歌。这首诗从一个七岁儿童的眼光看鹅游水嬉戏的神态，写得极为生动活泼。其实活泼的不止是鹅，更是看鹅的小小骆宾王本人。在人与自然的生动交往中，个体感受到自然之美与魅，教育也就真实地发生在个体身上。

教育的基本条件：闲暇

让师生进入自由交流的情境之中，充分激发个体对美好事物的欲求，还需要一个基本条件，那就是必要的闲暇。一个人如何可能在教育活动中倾心于自我的完成，而不是老想着别的目标呢？苏格拉底的教育对话，往往发生在去运动场所、某种仪式、饮酒的过程中，并非今天按部就班的教学模式。在古希腊语中，学校一词的原初含义就是闲暇，可见闲暇与教育乃在根本上相连。**教育在闲暇中，教育的基础性条件是闲暇，甚至可以说教育即闲暇，年长者与年轻人在一起的自由交流，就构成了教育的基本形式。**

闲暇作为教育的基本条件，首先表示教育不要为职业做准备。其次，闲暇作为一种心态，是一个人免于生存紧迫感和外在强制，充分地进入当下教育情境之中的心理准备。唯有必要的闲暇心态，一个人，包括教师和学生双方，才能全身心地进入教育情境之中，才能激发个体的兴趣，唤起个体对美好事物的爱欲。教育中的闲暇，其内涵至少包括以下几个方面：一是减少外在的强迫，减轻课业负担，促成个体在当下教育情境中的自由；二是学校教育形式的多样性，增强教育过程的审美性，孕育教育过程中的闲暇心态；三是加强体育、文学艺术教育，增强闲暇素养。

闲暇首先是身体自然的。身体的健康与发达的感受力，构成个体在世的基础性状态。健康让个体作为自然有机体的存在免于疾病之忧，健康、简单、朴素的生活把个人私己性欲求降到最低，从而使得个体向周遭事物开放、全身心接纳更高事物成为可能。苏格拉底之所以能以几乎全部精力投身城邦之哲学事业，一个重要的方面就是他身体好，穿着很少，且不讲究，甚至经常光着脚。正是出色的身体让他无须分散精力随时来关注自己的身体，而是始终以关注自己和城邦之灵魂的完善为己任。闲暇其次是社会性的，也就是个体在学校生活中尽可能减缓来自家庭、社会的外在挤压，而保持身心的自由。[①]一旦学校、家庭随时给个体以学习上的紧张感，则意味着个体闲暇状态的缺失。社会压力对闲暇的挤压最典型的表现形式就是过重的课业负担。爱因斯坦站在独立思考的视角批评青年人负担过重必然导致肤浅："使青年人发展批判的独立思考，对于有价值的教育也是生命攸关的，由于

① 刘铁芳. 公共生活与公民教育：学校公民教育的哲学探究[M]. 北京：教育科学出版社，2013：111—112.

太多和太杂的学科（学分制）造成的青年人的过重负担，大大地危害了这种独立思考的发展。负担过重必导致肤浅。教育应当使所提供的东西让学生作为一种宝贵的礼物来领受，而不是作为一种艰苦的任务要他去负担。”[①] 学业负担过重，必然导致学生个体置身学校生活中的生存紧迫感，受制于学业压力,学生就不可能保持对知识与真理的无条件的开放性，自由求知与独立思考就没有可能。

真正的教育乃是个体的内在自我生成,而不是强迫灌输。而闲暇与自由正是个体自主生成的根本保障。闲暇之所以等同于学校，其要义就在于此。尽管今日的学校教育不同于苏格拉底的教育形式，但闲暇的理念依然弥足珍贵。教育不能过于讲求效率，而只能在引导与自由磨砺中自主生成，教育的艺术乃是唤醒、激励、引导的艺术，唤醒生命，启迪爱欲，磨砺理性，知识与德性由此而自然生成。正如德国著名教育家第斯多惠（1790—1866）说过：“教育的艺术不在于传授知识和本领，而在于激励、唤醒和鼓舞。”一旦学校教育中充斥的是可测量的知识和本领，教育就不再是激励、唤醒和鼓舞的艺术，闲暇就成为奢侈品。

---

① 爱因斯坦．走近爱因斯坦[M]．沈阳：辽宁教育出版社，2005：105．

所谓“十年树木，百年树人”，尽管今日教育需要讲求效益，但教育就其实质而言，乃是慢的艺术。我们要有足够的耐心，给予孩子的成长更多的闲暇与自由，学会等待。

当然，我们在这里强调闲暇，是要凸显闲暇作为教育基础的根本性意义，个体成人乃是基于自由自主之中而萌生出来的对美好事物的欲求，也就是凸显教育究其实质而言，乃是基于闲暇的。但这绝不意味着个体教育生活本身就全然是闲暇状态的，教育同样需要必要的紧迫感，自由离不开必要的规则与规范。“教育中最重大的问题之一是，人们怎样才能把服从法则的强制和运用自由的能力结合起来。因为强制是必需的。……我应该让儿童习惯于忍受对其自由所施加的强制，并应同时指导他去良好地运用其自由。不这样的话则一切都是机械性的，离开了教育的人就不知道如何运用其自由。他必须尽早感受到来自社会的不可避免的阻力，以便能认识到为了独立而谋生和奋斗是多么艰辛。”[①]一个人，不仅需要在自由状态之中，体验轻松与美好，唤起对美好事物的爱欲；同时也需要在必要的紧迫状态之中，体验压力与艰辛，理解规则与规范，面对现实的生活。“人们可以忙于游戏，

① 康德．论教育学[M]．赵鹏，何兆武，译．上海：上海人民出版社，2005：13.

这是忙于消遣；但人们也会被迫忙碌，这就叫劳动。校园塑造应该成为孩子的劳动，而自由塑造则应该是他的游戏。”[①] 康德（1724—1804）在这里把校园塑造和游戏对立起来，忽视了校园也可以游戏，或者包容着游戏，但康德无疑准确地说明了个体教育的两个方面的统一，即游戏与劳动的统一。换言之，就教育整体而言，教育的基本品质乃是闲暇与自由，但在具体实践层面，并不排斥必要的规训与紧迫。“规训防止人由于动物性的驱使而偏离其规定：人性。比如，规训必须限制人，以使其不会野蛮鲁莽地冒险。因此训诫是纯然否定性的，也就是那种把野性从人身上去除的活动，与此相对，教导则是教育的肯定性的部分。”[②] 这意味着**完整的教育乃是在两个层面展开的：从积极层面而言之，教育的要旨乃是激励人们对美好事物的欲求，以善导人性的优良；从消极层面而言之，教育的内涵乃是保持对个人性情欲望的必要的克制，以克服人性中的生蛮。**积极层面的教育乃是自由而发散的，消极层面的教育乃是紧迫而抑制的；积极层面的教化针对人性的向善性，消极层面的规训针对人性之生蛮性。一个人的健康成长，既需要在游戏中体验自由与适意，也需要在劳动

① 康德．论教育学[M]．赵鹏，何兆武，译．上海：上海人民出版社，2005：27.

② 康德．论教育学[M]．赵鹏，何兆武，译．上海：上海人民出版社，2005：4.

中体验沉重与艰辛。①这或许是个体成长的活生生的辩证法，个体成长以正面激励为主，辅之以必要的否定性边界，让个体在自我肯定与必要的否定的过程中保持自我超越的生动姿态。当然，**激励个体内心之中对美好事物的欲求，其实就是在引导个体自我克服其人性中的生蛮性，让个体生命呈现出以欲求美好事物为中心的意义结构。**康德把训诫和教导分开，其实也是凸显教育引导的正面性与积极性，避免学校教育中训诫的滥用。

教育的目的：
个体成人

教育总是以必要的闲暇为基本条件的，以生活化的形式激励人们对美好事物的欲求。我们因为欲求着美好事物，而成为欲求美好事物的存在，而让我们的灵魂变得美善。对美好事物的欲求激励、彰显个体灵魂的美善，达成教育的根本

① 在这个意义上，我们或许可以重新理解阿伦特所提出的人的三重条件，即劳动、工作与行动。她把劳动和工作看成是生存紧迫性的，只有行动是通往自由的，旨在个体的卓越。阿伦特所提的行动确实是个体发展的基本目标，但从个体成长的路径而言，体验劳动和工作的艰辛，不失为个体成长的必要内涵。

目的，也就是个体成人。

“认识你自己”——德尔菲神庙上的铭言

苏格拉底以德尔菲神庙上的铭言作为其教育思想与实践的中心，“认识你自己”，这意味着教育的根本目的不是别的，不是为了升官发财，不是为了炫耀给人看，而是为了你自己的完善，提升自我本身，提升自我人格，而不是提升自我在世的资本。或如孔子所言，“古之学者为己，今之学者为人”，古代的学者读书是为了成就自己，而今天的人们读书是为了取悦于人。孔子倡导的就是为己之学。教育的根本目的乃是认识你自己，成为你自己。优良的教育并不是为了人生在世获得各种现实成功的资本，而是为了人自身的完满，为了人格的健全。我们需要越过种种阻碍，回到人自身，澄清学校教育的根本目的。

这意味着学校教育一方面需要加强哲学教育和世界观教育，促成个体成人的自觉自主；另一方面应该尽可能地摆脱、超越那些本不属于自身的目标，回到教育的本真诉求。学校教育需要多一份自由，多一份从容。**学校教育当然引导个体适应现实的需求，但适应现实需求并不是学校教育的根本目的，学校教育的根本目的是人的完成。**这里涉及人的全面发展教育的问题，不管社会对教育提出何种要求，学校教育的出发点始终是人的自由而全面的发展，是个体人格的完善。

我们来看一位堪称20世纪完人的典范。

施韦泽在非洲，1933年[①]

阿尔贝特·施韦泽（1875—1965），德国哲学家、神学家、医生、管风琴演奏家、社会活动家、人道主义者。

1875年，施韦泽诞生于德、法边界阿尔萨斯省的小城凯泽尔贝格。特殊的地理环境使他精通德、法两种语言，他先后获得哲学、神学和医学三个博士学位，还是著名的管风

① 图片来源：http://image.baidu.com.

琴演奏家和巴赫音乐研究专家。1904 年，在哲学、神学和音乐方面已经拥有巨大声望的他听到刚果缺少医生的呼吁，决定到非洲行医。历经九年的学习，他在 38 岁的时候获得了行医证和医学博士学位。施韦泽于 1913 年来到非洲，在加蓬的兰巴雷内建立了丛林诊所，服务非洲直至逝世。他获得了 1952 年的诺贝尔和平奖，被称为“非洲之子”。此时，他已经在全世界享有崇高的声望。被誉为“20 世纪人道精神划时代伟人、非洲圣人施韦泽博士”。

爱因斯坦曾十分感慨地说：“像施韦泽这样理想地集善和对美的渴望于一身的人，我几乎还没有发现过。”作为 20 世纪的完人，施韦泽具有足够的典范意义。施韦泽无疑是“一个全面发展的人”：[①] 在音乐方面，他很早就学会了即兴演奏。逐步成长为管风琴演奏家和巴赫研究专家；从施韦泽的学术才能来看，可以说他具有广博的人文学科知识，但他还是一个医学博士，堪称人文科学和自然科学相结合的典范；除了艺术才能和学术才能的协调、人文科学和自然科学知识的结合之外，施韦泽全面发展人格的又一个特点是精神活动和实际行动的统一，他是用行动而不是言论直接为人类服务的。

① 施韦泽. 对生命的敬畏：阿尔贝特 · 施韦泽自述 [M]. 陈泽环，译. 上海：上海人民出版社，2006：译者前言第 5 页.

但他首先是“一个充满爱心的人”。[①] 青少年时代，施韦泽的爱心首先表现在“为在世界上所看到的痛苦而难过”上。各种动物遭受到的折磨，使他难受。不为动物祈祷，使他迷惑不解。他从 30 岁开始学医，然后到赤道非洲为黑人义务救死扶伤。在漫长的、极为艰辛的行医过程中，施韦泽的爱心从一种从小就具有的伦理情感，发展成为一种几十年如一日的坚忍不拔的道德行为，使他成为 20 世纪西方行动人道主义的象征。

从静态的层面来看，施韦泽无疑是德、智、体、美诸种素质全面发展的典型。但更重要的是，在他的全面发展素质中始终贯穿着“对人类苦难的无比同情和极其热忱的献身精神”，[②] 正是这种对人道的普遍关怀，对公共价值的追求，使得他的**全面发展素质不是供自我赏玩的纯然审美素质，而是向着人类的、饱含行动旨趣的、具备人类视野的、有着高贵灵魂的实践素质。**施韦泽的全面发展，“不是一种狭义的‘个人’‘能力’上的全面发展，而是一个充满爱心的人，通过

① 施韦泽．对生命的敬畏：阿尔贝特·施韦泽自述[M]．陈泽环，译．上海：上海人民出版社，2006：译者前言第2页．

② 施韦泽．敬畏生命：五十年来的基本论述[M]．陈泽环，译．上海：上海社会科学院出版社，2003：150．

与人们的共同合作，在奉献中的全面发展”。[①]施韦泽给我们的启示就是，德、智、体、美全面而和谐的发展可谓人格健全发展的要义所在。智的发展当然是重要的，这是提升我们的社会适应能力的基础；体、美的发展对个体人格的完善是不可或缺的；而德的发展，特别是社会公德的发展对于一个人境界的扩展起着关键性的作用。“所谓的素质发展从来就是立足公共生活需要的素质发展，唯有当人的素质发展与时代、社会以至人类的需要紧密结合，一个人的人性才能最大限度地得到展现和成全。”[②]片面发展固然可以使人的特殊才能得到发展，但唯有全面发展，才能真正提升一个人发展的高度与境界。

以上分析，我们可以得出，所谓**理想的教育，无非就是基于闲暇的、以生活与交往为基本形式的、以对美好事物的欲求为核心的、以健全人格的养成为宗旨的活动。**

---

① 施韦泽．对生命的敬畏：阿尔贝特·施韦泽自述[M]．陈泽环，译．上海：上海人民出版社，2006：译者前言第8页．

② 刘铁芳．公共生活与公民教育：学校公民教育的哲学探究[M]．北京：教育科学出版社，2013：10．

小结

今日教育的溯本追源

跟苏格拉底所代表的古典时代相比，我们今天的教育发生了根本性的变化：一是随着教育的现代化、体制化，我们早已不是苏格拉底的时代，我们今天的教育离苏格拉底所代表的教育范式越来越远：我们的孩子按部就班，被投身的教育情境，基本不考虑他们个人的偏好，当然也不可能考虑到每个人的偏好。这意味着我们的教育整体上是远离了个人的爱欲；二是我们的教育由于越来越讲求规模、效率，学校教育被整齐、规范、高效地组织起来，师生之间更多的是一种程式化的往来，谈不上朋友式的交往，这意味着我们的教育整体上是远离生活的；三是现代教育内容适应现代生活的需要，越来越多地成了大杂烩，往往高下并存，良莠不齐，由于应试等因素的影响，学生对学习内容也来不及一一辨别，而是不管三七二十一，彼此杂糅地进入他们的精神世界，这意味着我们的教育并不是，至少事实上很难做到对美好事物的积极寻求。由此而来，学生课业负担重，身心在课业的应付中难免疲劳，加上体育、文艺教育活动的相对不足，使个体疲劳的身心得不到及时、充分的修复，这意味着闲暇的远离，闲暇不再是学校教育的根本特征。弗洛姆（1900—1980）在《爱的艺术》一书中提出了现代性社会中“异化综合征”的概念：“现代人对自己、对同代人和对大自然产生异化。他变成一种商品，体验到自己的生命力实际是一笔资本，这笔资本在既定的市场条件下要给他带来最大的利润。人与人之间的关系从本质上来看是互为陌生的，是自动机器之间的关系。”① 在这一“异化”过程中，教育起到了推波助澜的作用，教育许多时候就是在增进个人立足市场的资本。教育过程中也同样存在着这种异化，师生行色匆匆，行走在学校之中，忙碌使得大家疏于去认识自我、成为自我，教师异于他自己，学生也同样远离了自身，大家都成为应试这一架庞大机器中的部件。这意味着教育不断地向着本真回复的必要性与迫切性。

随着历史的发展、社会的进步，文明的程度越来越高，对个体的知识要求也相应提高，学校教育对规模和效率的追求也有其历史必然性与合理性，我们不可能简单地回到苏格拉底的教育范式。但问题在于，当我们越来越多地陷于对教育的规

① 弗洛姆．爱的艺术 [M]．李健鸣，译．上海：上海译文出版社，2008：79.

模、效率的追求时，我们的教育也越来越远离人的生活，远离人自身。正因为如此，我们需要不断地去重温教育的基本范式，激活对“究竟什么是教育”这一基本问题的思考，保持对教育的核心质素的追寻，避免南辕北辙。

不管社会如何进步，我们依然需要不断地回到苏格拉底，好的教育不过是和“有价值的朋友”一起分享“好的事情”“好的东西”①;回到《诗经》，所谓“如切如磋，如琢如磨”；回到孔子，“有朋自远方来，不亦乐乎”“三人行，必有我师”“己欲立而立人，己欲达而达人”。**好的教育实践从来就不是个人孤立的活动，而永远是发生在人与人之间，共同分享、相互激励，并最终在人与人的相互关系之中彼此成全的活动。**

这种教育也许在今天早已不切实际，但重要的是，我们需要意识到，这就是教育的本来样式，或者叫本源，由此而保持我们对当下教育生活的敏感与足够的开放性。我们目前的学校教育虽然无法达成理想的教育，但我们在现实的教育实践中能孕育教育理想的踪迹，而不是像冷冰冰的铁板一块，自我封闭于应试教育的漩涡之中，难以自拔。更重要的是，

① 色诺芬. 回忆苏格拉底[M]. 吴永泉，译. 北京：商务印书馆，1984：37.

我们可以让自己成为孕育教育理想的存在，从而让理想通过我们自己的点滴努力而在当下的现实中显现其丝丝缕缕的可能性，以孕育教育变革的力量。

作为现在的或未来的教师、教育工作者，或者关心教育的普通个体，也许我们个人的力量是微薄的，我们不足以改变社会，但我们可以改变人，影响我们身边的人，激励人心，温润人性。让我们心怀教育理想，让教育成为涌动着理想的事业。作家雨果（1802—1885）曾说："多建一所学校，就少建一座监狱。"多一位优秀的教师、一位堪称优秀的校长、一所富于理想气质的好学校，也许监狱就可以减少一个角落，人间就会少一些人为的悲剧，社会就会平添一份福祉。

著名柏拉图研究专家陈康先生在《理想国》的阐释中这样写道："国家的基础在个人，个人的基础在心灵；因此国家以心灵为基础，内心的状况乃是国家的超政治基础。"①而教育的要旨正是心灵的美善，**激发个体心灵对美善事物的欲求，可谓今日教育的本真理想之所系，**也是今日学校教育的崇高责任之所在！

---

① 陈康．论希腊哲学[M]．北京：商务印书馆，1995：61．

二

学生：成为向学的生命

我们来思考一个问题:究竟是先有学校,还是先有学生?从事实而言，确乎是先有学校，才有学生，但为什么会有学校呢？是个体的教育需求催生了学校，催生了教师职业的诞生。大学的产生，就是行会的年轻人想集中起来，一起学习。典型的是意大利博洛尼亚大学，它也通常被称为世界上最早诞生的大学，在初期完全是一种学生团体组织，教师被排除于该团体之外，因此也被称为“学生大学”。[①]

意大利博洛尼亚大学[②]

① 张磊．欧洲中世纪大学[M]．北京：商务印书馆，2010：29.

② 图片来源：http：//baike．baidu．com.

正因为如此，从逻辑而言，学生对学校具有优先性。学校依托学生而形成，学生构成了学校的本源，是学生让学校成为生动的学校。若离开了学生，则学校就成了空荡荡的房子，学校就不再是名副其实的学校，而不过是空洞的屋舍而已。可见，学生乃是学校教育的根本所在。

何谓学生：

学生作为向学的生命过程

何谓学生？学生不就是在学校里读书的人吗？这还可以是一个问题？在学校里读书的人称为学生当然是不错的，但这只是形式化的定义，其中“在学校里”是强调场域的特殊性，“读书”则是强调功能的特殊性。两者相加，并不足以揭示出学生何以谓之学生的内涵所在。

学就是学习，生是人的意思。合起来，学生就是学习的人。学习总是有所学，有所期待。**学生之为学生，总是活在对某种更高事物的希望、欲求、期待之中。**真正的学生总是活在学习的状态之中。

学生不仅仅是一个名词，是一种静态的身份，更是一

个动词、一种趋向，即成为向学之生、爱学之生、乐学之生。学生处于学习生长的过程之中，这一过程是一个动态生成的过程。学生之为学生，乃是一个人不断地从现实状态向着理想状态转化的过程，是一个不断地朝向更高事物、欲求更高事物的过程。**只有当学生始终处于向着更高事物的开放性的状态之中时，他才真正处于学习的状态之中，他才能成为实质上的学生。学校教育就是要充分激励学生、引导学生进入动态生成的学习过程之中。**

正如范梅南所言："何谓儿童？看待儿童其实就是看待可能性，一个正在成长过程中的人。"①成长总是意味着新的可能性，我们看待学生，就是要把学生视为成长过程中的人。"成长在许多方面都是一个积极的希望、偏好、选择和奔向某个目标的过程。"②学生之为学生，乃是一种动态、一种积极向上的生命状态，是学生从现实的存在向着理想的存在跃升的过程。

显然，**学生不仅仅代表着一种身份，更代表着一种生命的动态过程。学生不止是一种静态的身份描述，更是一种不断**

① 马克斯·范梅南．教学机智：教育智慧的意蕴[M]．李树英，译．北京：教育科学出版社，2001：1.

② 马克斯·范梅南．教学机智：教育智慧的意蕴[M]．李树英，译．北京：教育科学出版社，2001：46.

涌动着可能性的、积极成长的生命属性。学生不是被动的盛装知识的容器，而是活生生的向着知识世界自主发展、自我成长的人。

好的学校教育，其根本标志当然是好的学生。这里所谓好的学生，首先是指作为教育对象的学生的好，也就是说，好的学校总是拥有好的生源，这是从学校教育的起点而言的。一所学校，能吸引周围最好的学生来学习，得天下英才而教之，当然这可以说是一所好的学校，特别是大学，优秀生源可以说就是一所大学的标志。其次是指作为教育目标的好，也就是不管学生进来如何，走出校门的时候都是好学生。一所学校，如果能让每个孩子都健康成人，甚至成才，那当然是好的学校。最后，是指作为教育过程中活动着的学生的好，也就是学生在学校生活中显现出来的对美好事物的欲求，显现出来的积极向上的生命姿态，是学生在教育过程中的好。正是这种好，导向学校教育目标的好。

客观地说，一所学校、一个班级，不可能每一个孩子在学业上都达到同样的高度，但重要的是每一个孩子在他所经历的学校教育过程之中，都能够显示出积极的生命状态，内心被激活，生命被点燃，每天都显示出朝气蓬勃的状态。这就是作为教育过程的好，很显然，这种好才是学校教育的真正的好之所在。这个意义上的好的学生，才是我们今天所要讲的好学生的根本之所在。对于学校和教师而言，学生一拨一拨地经过，但对于学生而言，他们在此度过的学校生活都是他们人生的一部分，是唯一的，是不可重复的。学校教育的经历对于一个人的一生都是至关重要的，让孩子拥有良好的学校教育经历，就是在积极敞亮他们未来的人生。

我们再重新来思考一下：哪个学生是不好的学生呢？特别是义务教育阶段，孩子接受教育是一种理所当然的权利，我们显然不能基于入门的学生之好坏程度来评判一所学校，特别是就担负义务教育职责的中小学而言。正因为如此，就学校教育而言，**所谓好的学生，最重要的正是在学校教育过程中被唤起、激励出来的学生生命状态的积极向上的“好”。不管学生的自身条件如何、基础如何，都能在各自的生命历程之中，焕发对美好事物的欲求，激活积极的生命状态，这就是好的学生，这就是好的学校教育的根本所在。**我曾经去过特殊学校，看那些残疾孩子在操场上蹦蹦跳跳，在课堂上尽力发出自己的声音，心里真的非常感动，让人真切地感受到这就是真正的教育。那些动作，在正常孩子看来也许是再简单不过了，但残疾孩子做起来，要付出很大努力。正是这一点一点的改变、一点一点的成长，让我们真切地感受到成长的力量，感觉到那就是真实的教育，或者说，那种场景，能让人真实地感觉到什么是真正的教育。

好的学生乃过程中的好，也就是在教育过程中所显现出来的对美好事物的欲求，或者说因为对美好事物的欲求而显现出来的个体生命的积极向上。这就是好的学生的根本所在，也即我们在这里讨论的学生之为学生的基本规定性所在。

这种“好”，我们用一个词来标识，那就是**向学性，即学生在学校教育过程中所显现出来的向学之心，向着美好事物积极欲求与进取之心。学生之为学生的实质就是成为向学的生命。**优良的教育始自于个体爱欲，学生对美好事物的积极欲求，正是优良学校教育的核心所在。学校教育的生命意义就是“蓄势”而“待发”，也就是孕育生命的力量，使其保持积极向上的态势。

学生何以成为“向学”的生命

我们想象一下：理想的学生状态是什么样的？

我曾经在课堂上询问研究生，是否经历过理想的学习状态？有一位研究生这样描述她的学习经历："在高中以前，学习就是带有目的性的那种，我想得到什么名次呀，考上什么学校呀。但是那些目标都是外在于我的，所以那个时候的学习是一些外在的目标让我自己去学。到了大学以后，这些目标没有了，我就觉得不想学，大学阶段书就看得很少，基本上处于散漫状态。到了研究生阶段，慢慢地，自我认识提高了，我就发现人的生命还是要学习，学习就要思考。我就去看书，特别认真，看些哲学方面的书，特别是看雅斯贝尔斯的《什么是教育》。每次去看的时候都能引发我很多思考，他对教育本质问题的阐释，每次看就特别快乐。那种感觉就是真的学习的状态，而且它们激发了我更多地去学习，这种学习没有带着任何目标，也没有想着是为了什么学，我就是想学，发自内心地想学。"

这位学生的回答，把她所经历的学习的三个阶段清楚地展示了出来：第一个阶段的学习就是一种比较被动的学习，以应试这一外在的任务作为学习的取向，这个阶段的学习并不觉得快乐；第二个阶段进入大学之后突然之间没有了外在的目标，找不到学习的方向，所以这个阶段尽管很清闲，但依然不是理想的学习状态，因为个体根本就没有处于深度的学习状态之中；第三个阶段到研究生阶段重新找到了学习的乐趣，而且这种学习的乐趣是内在的，这个时候才开始真正进入理想的学习状态之中。我跟学生说：“尽管你对学习的这种理想状态的觉悟来得有点晚，但是毕竟你已经意识到了什么是学生理想的学习状态。”其实，我们的学校教育就是要把这种理想的学习生活状态贯穿于每一个人的每一个成长阶段，从小开始就能感受到学习的快乐。快乐地学习着，其实就是生动地成长着。

百年南开

南开中学由著名教育家严范孙和张伯苓创办，是南开系列学校（现有一所大学、六所中学、一所小学）的发源地。1898 年，严修在自家宅院开办家馆，聘请张伯苓执教。不久，士绅王奎章的家馆也聘请张伯苓任教。1904 年，严修、张伯苓东渡日本考察教育，归国后合并严馆和王馆，创办私立敬业中学堂，1907 年迁到新校址，改称私立南开中学堂。1912 年，改名为私立南开学校。1919 年，创办南开大学。

1923 年，建立南开女中。1928 年，再办南开小学，形成旧中国私人办学的完整学校体系。

我们来看看当年南开中学学生们的生活片段：

在每周的周会上，学校经常会邀请各种不同观点的社会名流来演讲，周恩来、冯玉祥、马寅初、孔祥熙、何应钦、陈立夫、孙科、翁文灏、王芸生、王云五、胡政之、老舍、曹禺以及访华的美国副总统华莱士等都在其中。①

——在那个讲台上，他们能获得不少虽然零碎但却是课堂上没有的知识，也可以听到各种不同的声音。

时事辩论赛也是南开的家常便饭，“战争促进抑毁灭文化？”“世界持久和平能否实现得了？”“第二次世界大战谁胜？”……让一位女生永生难忘的是，高二那年她参加全校男女生两部举办的一次辩论赛，题目本来是一件生活琐事，张伯苓校长散步时偶然看见海报，说没出息，什么时候了，净辩论这些小事。当夜题目就改成了“美国是否应该参战？”其时离珍珠港事件爆发、美国参战已不远。②

——无论他们的翅膀多么稚嫩，他们的思考多么肤浅，

① 傅国涌．过去的中学：人生最关键阶段的教育和学习[M]．武汉：长江文艺出版社，2006：序言第9页．

② 傅国涌．过去的中学：人生最关键阶段的教育和学习[M]．武汉：长江文艺出版社，2006：序言第9页．

他们在校园里获得的这些训练，对开阔他们的视野、培养他们的世界眼光，终将产生深刻的影响。

校园广场上到处张贴着他们自办的壁报，内容五花八门，既有探讨人生的，也有关怀国事的。《健报》《公能报》《曦报》《晨钟报》《野猿报》以及以“民间报纸”（区别于班报、校报）自诩的《翔翎报》等竞相争妍，他们甚至通过各种渠道亲自登门采访邵力子等政要。①

——办报、社团活动、演出，是他们兴趣、才华、理想的萌动，活跃了他们青春的生命，使他们在实践中学会表达，学会独立思考。

操场上更是南开学子们自由驰骋的场地，每天下午三点半，所有学生都要走出课堂，融入火热的课外活动中（主要是体育活动）。如果学生偷偷躲在教室里做功课被发现的话，要立刻记大过一次。②

——体育乃是他们展现青春、免于懈怠、提升自我的重要方式。

开阔的视野、充分的锻炼、主动的成长、个性的展现、

① 傅国涌．过去的中学：人生最关键阶段的教育和学习[M]．武汉：长江文艺出版社，2006：序言第9—10页．

② 傅国涌．过去的中学：人生最关键阶段的教育和学习[M]．武汉：长江文艺出版社，2006：序言第10页．

相互的激励，这其中，展现出来的就是青少年学生身心的充分舒展，以及在此过程中展现出来的对活力、自由、责任、健康、理性等美好事物的体验。充分的活动中自然地孕育着孩子们成长的道路。

这里特别值得一提的是这几个方面：

1. 开阔的视野

向学之心，当然是通过具体对某些事物的学习，但又不局限于所学习的事物,更重要的是唤起学习的热情。换言之，我们需要的是通过有限的学习打开通往更宽广事物学习的通道，培育学习的热情。恰恰是从小开始过于专注的学习，特别是功利化的学习，往往阻隔、限制了个体通往更宽广事物之热情的可能性。

有一位亲戚家的小孩在名校读高中。看他的书架，只有一些摆设的书。一本勉强像样的书是冰心的《繁星》，很新，打开只有几页有看过的痕迹。我问他读过什么书，回答就是课内书，课外阅读几乎为零。孩子从小的学习过于单一，这对于孩子未来的发展空间其实是很大的局限。开阔的视野可以让学生接受多样的陶冶，避免生命的单一化。一个人年少的教育经历如果是单一的，则个人生命必然是单薄的。不仅如此，唯有有了开阔的视野，学生才有自主选择的可能性。

有了学生的自主选择，才会有学生发展的个性化。如果我们的学校教育没有开启年轻个体向着广阔文化世界深入而持久的广泛兴趣，我们的教育就会变得太实际、太功利，这样，我们就可能不断地培育出有知识而少文化、有能力而少教养的、缺乏生动个性的新人。

我们今天不少孩子成长的问题，可能就是因视野过于狭窄而导致，这样的结果就是心灵更容易封闭。年轻的孩子就应该视野开阔、思维活跃、善于接纳不同的事物，否则，就难免成为井底之蛙。一个人即使今后生活在富足之中，住在高楼大厦里，满屋金碧辉煌，也很难摆脱年少阶段视野的狭窄所留下来的心灵局限。

2．充分的锻炼

充分的锻炼就是要给孩子的发展提供充分的平台，让他们在实际的锻炼中发现自我、磨砺自我。充分的锻炼，不仅可以培养个人的才能，也能发掘自我潜能，更重要的是还能养成踏实的作风，同时也促成个人的自我肯定，增进自我认同，促成人的主动发展。一个人越多地做事，越能意识到自己的能力。一个人越能意识到自己的能力，主动发展的欲望就会越强烈。所谓做中学，做本身就是一种学习。如果有的孩子不自信，最好的治疗办法就是让他做事，做他能做而且想做的事，他就会慢慢找到成功感，提升自信心，增强自我发展的欲望。

湖南株洲中等职业学校探索并坚持“快乐德育”实践，效果显著。仔细思考他们的快乐德育，其实不仅仅是德育，而是作为中职学校教育的切入点，来提升整个学校的办学境界，其中的诀窍就在于切中中职生的特点。长期以来，作为一个特殊的“弱势群体”，中职生被贴上自卑、懒散、文化基础差、学习态度差、行为习惯差等标签，边缘化与自我边缘化就成了他们的基本境遇，自暴自弃、混日子是不少中职生的常态。中职教育的出发点就是如何在积极的行动中教会学生自信，提高他们的自我认同感，使他们能够肯定自我，逐渐生长积极的向学之心，寻找自我发展的方向。必要的自信、积极的自我认同，是一个人向学之心生长的起点。其实，每一所学校都应着眼于提高学生的积极的生命状态。

3．相互的激励

没有一个人可以仅靠自己成就健全的自我。青年学生汇聚一起，应彼此成为对方的风景，走向共同成长。我们提出相互激励的重要性，意在超越当下学校教育中单纯成绩的竞争，上升到个性的相互激励。在这个意义上，学校的本义其实就是孩子们在一起的共同生活。学校的意义就是给这种共同的生活提供一种长远的、可以持续的空间，更丰富而有序地促进这种生活的展开，增进共同生活的意义。一旦学校里充满着只有成绩的竞争，孩子们在学校生活中感受到的就只有竞争带来的压力，以及由此而来可能发生的个性的扭曲。

主动的发展、充分的锻炼、个性的生长、共同的成长，这就是学生之为学生的理想姿态。始终在学习中，在活泼地成长的状态之中，这就是学生的精气神。青少年阶段是一个人求知欲最旺盛、记忆力最好、想象力最丰富、对一切都充满幻想的阶段。可以说，**每个人在这个阶段都潜藏着无限的自我生长的力量，优良的教育就是要激活这种力量，把这种力量引导到合适的方向，使这种力量得到延续、发展。**

好的学校教育总是能最大限度地激发个体的向学之心。不管个人的天赋如何，进入校门的每个孩子都能获得自我被激活、被点燃的方式，保持基于个人天赋与潜能之上的向学之心。换言之，学校教育质量的高低就在于是否能充分地唤起学生，激活他们的向学之心。每个人的天赋都是有差异的，但每个人都可以凭借自己的有限天赋表现出向学的特性。**每个人的智力水平、发展程度各不一样，但只要激发了基于个人实际的向学之心，其实就是在开启每个人通往未来生活的希望之通道，唤发每个人自我成人的渴望。**

学校教育的真谛：激活学生向学的生命

学生是学习的主体，学生要显现自己作为活生生的学习主体的特性，最重要的一点就是主动学习、爱学习、乐于学习。**积极促成学生的主动学习，促成学生学习兴趣的活泼生长，可谓学校教育的真谛所在。**

让我们来看看夏山学校的例子：

尼尔，20 世纪伟大的教育家之一，誉满全球的夏山学校的创始人。夏山学校被誉为“最富人性化的快乐学校”“因材施教的典范”，充满了无穷的活力。

夏山学校[①]

① 图片来源：http://baike.baidu.com.

夏山学校创办于1921年，校址在英格兰东萨佛郡的里斯敦村，离伦敦约一百英里。夏山学校起初是一所实验学校。当初尼尔与妻子一起开办学校所持的共同理念，就是“创造一个不是让孩子们来适应学校，而是去适应孩子的学校”。快乐是生活的目的，衡量成功的标准在于“工作愉快与生活积极”，因此学校应该使儿童学习如何去生活，而不只是知识的传授。夏山学校是一所让孩子们能真正自由生活的场所，完全舍弃训练、命令、要求、道德与宗教教育。尼尔主张孩子们的本性是善良的，而且他们聪明、实际，大人只需让孩子们依自己喜欢的方式去做，照自己的能力去发展，也就是依自己的才能、志趣，想成为学者便去做学者，而适合当清道夫的也可成为清道夫。夏山学校就是基于这种理念去教育学生的，尼尔认为与其培育不快乐的学者不如培育快乐的清道夫。①

夏山学校最重要的优点，就是“培养出健康而自由的孩子，使他们在生活中不会遭到‘恐惧’和‘仇恨’的摧残”。②尼尔认为“让学校适应学生，而不是让学生适应学校”，他

① 此处内容参见百度百科相关内容：http: //baikebaidu. com/subview/1453586/928747/. htm?fr=aladdin.

② 尼尔. 夏山学校[M]. 周德，译. 北京：京华出版社，2002：4.

用了60年时间，在夏山学校实践了这个突破传统教育观念的理想。在夏山学校，上课完全自由。“对于是否上课，学生们拥有完全的自由。他们可以选择上课，也可以选择不上课，如果愿意，他们甚至可以完全不上课。”①在尼尔看来，教学方法本身并不重要。“比如学校是否使用新的多位除法的教学方法并不是很重要，因为它的重要性仅对那些想学多位除法的人才重要，而且，倘若学生真想学习它的话，不管你使用何种教学方法，相信他都可以学会。”②对“自由发展”概念陌生的朋友，一定会认为“一所让小孩成天游戏的学校是多么混乱”，或者，许多大人会说，“如果过去上的是那种学校的话，我至今仍会一事无成”，还有人会说，“当那些孩子跟受过严格训练的孩子竞争的时候，他们就会发现自己太差了”。其实不然。也许，夏山学校的12岁的孩子不能和一般的同龄孩子在写字、拼音或数学分数上一争短长，但只要是需要创造力的考试，夏山学校的孩子就会遥遥领先。③在应付考试上，夏山学校的学生并没有碰到特别的困难。“一般说来，从14岁开始，他们用功读书，3年后参加考试。

① 尼尔. 夏山学校[M]. 周德，译. 北京：京华出版社，2002：1.

② 尼尔. 夏山学校[M]. 周德，译. 北京：京华出版社，2002：5.

③ 尼尔. 夏山学校[M]. 周德，译. 北京：京华出版社，2002：6.

他们中的部分人并非一考即中，但关键是他们有再接再厉的信心。”①

夏山学校的特点是充分尊重孩子的自由和兴趣，任何时候都不给孩子以强迫，期待孩子的自我转向。尼尔的学校确实有点像浪漫的教育理想国，但毕竟提供了一种富于价值的教育参照，让我们意识到学校教育还可以是这样的。夏山学校给我们提供的启示就是，**对于教育而言，比不停地学习什么更重要的是对学习的爱。学生之为学生的根本不在于他在不停地学习，而是他拥有一颗学习的心，学习以欲求学习为基础。**对于年少的孩子而言，爱学习远比学什么更重要。每个人其实都具备潜在的学习能力，尽管这种能力会有高下之别，但对学习之爱让这种潜在的学习力变成现实的行动。爱之愈深，则潜在的学习力被激活的程度愈深。对学习之爱乃是一种力量，是一种凝聚潜在学习力、赋予潜在学习力以显现方向的力量。

显然，这里的主动学习，乃是**主动地朝向学习，为学习所吸引，身心转向学习情境之中。**唯其如此，一个人才能感受到学习的快乐，并且能在学习中迸发身心潜能，学习就会

---

① 尼尔．夏山学校[M]．周德，译．北京：京华出版社，2002：8.

成为个体完整生命的活动。这不同于临时应付考试的主动学习，基于某种外在目标的压迫性的主动学习，并不是个体身心转向学习情境中的主动学习。一个人唯有身心转向学习情境之中，才能感受到学习的快乐，也才能在学习中迸发身心潜能，学习就会成为个体完整生命的活动。当个体爱学习、拥有爱学之心、身心浸润在学习之中、个体的潜能得到释放的时候，学习就会成为个体完整生命的活动。此时此刻的学习就是个体学习欲望的成全，因而也就是自我生命成长的促进，而不是生命的抑制。

“儿童不是空空的容器，他们来到学校不只是让教师通过特别的方法给他们灌输课程内容。……教师需要了解一下孩子们带来了些什么，他们目前的理解程度、心境、情绪状况如何，他们是否已准备好了应付学科学习和学校世界。”[①]儿童不是盛装知识的容器，学生成长的过程并不是盛装知识的过程，而是以学习知识为依凭，自主发展、提升自我、融入社会的过程。唯有当他们从各自的背景、基础、心境之中，涌现出对学习的爱，自主学习、自我提升才有可能。学校教育的着眼点就是尽可能地尊重、了解他们各自的背景、基础、

---

① 马克斯·范梅南．教学机智：教育智慧的意蕴[M]．李树英，译[M]．北京：教育科学出版社，2001：1.

心境，充分鼓励学生，给他们提供充分的机会，引导他们找到学习的门径，体验学习的快乐，同时也收获学习的成功，以此来不断地激励并保持他们的向学之心。梁漱溟曾这样谈及自学：“自学就是一个人整个生命的向上自强，要紧在生活中自觉。”[①] 学校教育就是要充分唤起个体基于个人生活背景的向上自强，促成整体生命的自觉自主。

钱学森回忆他在北京师范大学附中读书时（1923—1929），这样说道：

现在的父母对教育孩子很费劲，我们那个时候没有像现在这样受罪。放了学在学校里玩，不天黑不回家，不怕考试，不突击考试，班里最好的学生考80分就行了。不死抠课本，提倡多看课外书。附中的选修课很多，学生的知识面很广，每天午饭后，在教室里交谈感兴趣的各种科学知识。当时师大附中很穷，经费不足，但是实验做得很多，化学实验室对学生随时开放。学生的求知欲强，把学习当成一种享受而不是一种困难。师生关系密切，息息相通，对学生诱导而不是强迫。当时附中高中有些课用英文讲。到了高二要学第二外语，设有德语、法语。外语是情境教学，创造语言环境。现

① 梁漱溟．梁漱溟全集：第2卷[M]．济南：山东人民出版社，2005：675．

在的教育限制太死。要培养孩子们多方面的兴趣。我主张学生多学点文言文，可以采用多种教材。[①]

这段话可谓从基础教育视角，对钱学森晚年提出的“钱学森之问”的直接回答。一个人如何在学校教育中培养持久的向学之心？无非是依赖这么几个条件：“放了学在学校里玩，不天黑不回家，不怕考试，不突击考试，班里最好的学生考 80 分就行了”，这里讲的是减少外在压力，让学生拥有足够的学习自由，这也是向学性培育的首要条件；“不死抠课本，提倡多看课外书，附中的选修课很多，学生的知识面很广，每天午饭后，在教室里交谈感兴趣的各种科学知识”，这里讲的是拓展学生的知识面，培育活泼的兴趣；注重实验和外语的情境教学，这里讲的是重视动手能力的培养与活学活用。有了这些基本条件，那些具备足够资质的人自然地就会走向卓越人才之路。而普通个体也会学得愉快，学有所获，让自己享有一段良好的学校教育经历，并走向属于自己的成功。

我们前面提到闲暇作为教育的必要条件，就是强调学生在学校里，不能让学习活动为谋生的目的牵着鼻子走，而要

① 傅国涌. 过去的中学：人生最关键阶段的教育和学习[M]. 武汉：长江文艺出版社，2006：161.

倾心于当下的学习交往本身，只有这样才能培育出纯粹的求学热情，否则就会成为学习的机器。

在具体的教育教学过程之中，也是同样的道理，那就是**教知识固然重要，但比教知识更重要的是唤起学生学习的热情，培育学习的兴趣，也就是激励学生的向学性，比强求学生学知识本身更重要。**大学也一样，激发大学生求知的热情与探究之心比教知识本身更重要。儿童鲜活的生命中总是涌动着各种自我生长的力量，优良的教育就是充分地激活这种力量，并把这种力量引导到合适的方向。正如斯宾塞（1820—1903）所言："兴趣是求知和学习最大的动力。这不单是一种方法，而且包含着人类获得知识的一个充满智慧而古老的法则。"①

赫伯特·斯宾塞

① 斯宾塞. 斯宾塞快乐教育书[M]. 张建威，等，译. 北京：中国妇女出版社，2009：87.

显然，就学校教育而言，最重要的其实就是两条，一是给学生创造条件，提供学生自主锻炼的机会；二是创设情境，激励学生的自我成长。正如第斯多惠所言："怎样才能使学生愿意学习，怎样使他在学习一门学科时引起愉快的感觉？第一，对学科要有热爱的态度，教师对学科的热爱会传导给学生；第二，你先要使学生在学习时有向学的愿望；第三，不言而喻，讲述学科要合乎教学论的原理；第四，这是主要的，激发学生的情感和意识，使他感到知道一些东西并且会做一些东西，感到他是在前进。"①

教育的艺术乃是激励、唤醒、提升学生生命状态的艺术。学生生命的激活，基本着眼点就是对他人和世界的爱的唤起和想象力的激活，前者指涉个体向着世界的积极情感的培育，后者乃是个体理智、兴趣发展的基础。教育作为激励的艺术，其要旨就在于唤起个体生命向着更高事物开放、保持生命积极向上的乐观姿态。生命成长，个体发展，并不是孤立个人的行动，而是时刻向着他人与世界积极开放的生命姿态。**唯有教师的热情才能激发学生的爱的情感，唯有富于想象力的教师才能理解、启发学生的想象力。热情与想象力可谓教师**

① 张焕庭．西方资产阶级教育论著选[M]．北京：人民教育出版社，1979：387.

最重要的生命素质。

我们常常把孔子的教育思想的精髓归为启发，即“不愤不启,不悱不发”（《论语·述而》）中的“启”和“发”,其实，“愤”和“悱”比“启”和“发”更基本，也更难。怎样诱导个体进入“愤”和“悱”的状态才是更为基本的教育艺术，而“启”和“发”不过是对处于“愤”和“悱”状态的个体的适时点拨而已，尽管这种恰如其分的点拨也至为重要而且不易，但“愤”和“悱”的激励才是更为基本和隐在的。[①]“愤”和“悱”发生的过程,就是向学性被唤起的过程。如果说“启”和“发”是理智性的,是智性的点拨,那么“愤”和“悱”就是身体性的、生命性的,是积极生命状态的唤起,也就是个体向学特性的充分唤起。正是“愤”和“悱”构成了“启”和“发”得以可能的基础与背景。我们之所以提出“愤、悱”对“启、发”的优先性，就是强调生命激励对理智点拨的优先性。

正如柏拉图在《理想国》中所言 :“教育实际上并不像某些人在他们的职业中所宣称的那样，他们宣称他们能把灵魂里原来没有的知识灌输到灵魂里去，就好像他们能把

---

① 刘铁芳. 教育意向性的唤起与“兴”作为教育的技艺：一种教育现象学的探究[J]. 高等教育研究，2011（10）.

视力放进瞎子的眼睛里去似的。”在柏拉图这里，求知乃是每个人灵魂里固有的能力，教育无非就是激活、焕发这种能力，并把它们引导到合适的方向。真正的知识乃是灵魂的自我生长。**唯有从自我生命中涌动着对美好事物的欲求，一个人才能不断地保持灵魂的开放性，善于接纳更高事物，不断地自我成长才有可能。学生究其实质而言，就是一种不断涌动对美好事物的欲求、趋向自我完善的生命姿态。**

夸美纽斯在《大教学论》中有一个精彩的比喻："我们从自学者的例子中最能看清楚，一个人在自然的领导下能够钻研有关万物的知识。好些人通过自己教育自己，或（如柏那德所说的）用橡树和山毛榉作老师，获得了很大的进步，较之受过导师令人厌倦的教导的人的进步还要大。这岂不是告诉我们，万物确乎都已存在在人的身上;灯、油、火绒，以及一切用具都已具备，只消他善于擦出火星，着上火，点好灯，他便立刻能够看见，能够充分享受上帝的智慧放在他身上和时间的稀有的珍藏；这就是说，他便能够领略整个造物的数字的与有比例的安排了。倘若内心的灯没有点燃，只有奇思异想的火炬在身外旋绕，结果便如一个关在黑暗的土牢里的人身外有火光旋绕一样；光线确乎可以透进罅隙，但是全部光亮并不能够进去。”[1]优良的教育就是点灯，点燃个体内心对美好事物的欲求。堪称优秀的教师，就是学生心灵世界的燃灯者。

当然，说教育除了促进学生的生长外，没有别的目的，并不是说教育不要服务社会，恰恰相反，教育的指向就是要更好地服务社会，促成社会的改进。但服务社会也好，改进社会也好，都是以孩子们此时此刻生命的充实、完满为基础的。这样就把外在的目的、将来的目的，转化成内在的目的、现在的目的，让学生充分、健康地活在当下，就孕育着他们将来充实、健康、合理的生活。一个在年少时期就充分体验着充分、富足的生活的人，才可能把这种体验传递给他人，延续在人生历程之中。

很难想象，一个人从小就苦读、苦练，一心一意，埋头苦学，长大后会充满热情、真诚地服务社会，而不基于一种弥补过去学习之苦的补偿心态。正如鲁迅当年所言：“从生活窘迫过来的人，一到了有钱，容易变成两种情形：一种是理想世界，替处同一境遇的人着想，便成为人道主义；一种是什么都是自己挣起来，从前的遭遇，使他觉得什么都是冷

① 这里的点灯之喻，跟柏拉图的洞穴比喻之心灵转向的隐喻有着相似之处。

酷，便流为个人主义。我们中国人大概是变成个人主义者多。”[1]这几句话，可谓眼光毒辣，一针见血。恰恰是那种从小就体验了学习、交往的快乐，童年过得健康、充实的孩子，长大后更容易不带怨恨情结地融入社会之中，并把这种从小习得的积极生命体验延续在之后的人生历程之中。而且，更重要的是，一个健康、内心富足的个体本身就是社会的一部分，让自己健康生活、健全发展起来，本身就是对社会健全的促进。当社会中的每个人都欲求着健康、充实的生活，本身就意味着这个社会的健康、充实。

向学性的形成与“被学习”状态的超越

我们来看一个典型案例：[2]

2012年11月13日，中国科学院博士生导师程代展陷入困惑，他在清华的学生萧杨（化名）博士突然放弃留校继续做科研的机会，与北京一所重点中学签约做数学老师。程代

① 鲁迅．集外集[M]．北京：人民文学出版社，1998：103．

② 萧辉，石明磊．博士逃离科研教中学遭质疑[N]．新京报，2012—11—23（A01）．

展在博客上写下3000多字的长信，表达惋惜与困惑。

新京报：为什么极力反对萧杨放弃科研？

程代展：他是我从事科研30多年来见过的最有天赋的学生，是科研界很少见的好苗子。他在清华读了四年本科，数学功底打得很扎实，头脑很灵活，他善于发现问题的实质，并提出解决方案，和他讨论数学是一种享受。他也非常勤奋。已经有三所国外的大学邀请他去读博士后，他的科研前途很光明，就这么放弃了，太可惜了。

萧杨：我深知程老师对我寄予厚望，我说出来他肯定非常失望，我甚至一直在想就这样坚持搞科研搞下去，但真正到了该抉择的时候，我还是选择了自私地按自己的意愿行事。

退出科研界是因为很累，也没觉得自己是很有能力的人。（此前一直坚持科研）不是程老师强迫的，只是因为我从小被教育成"听话的好孩子"，只要别人给了我任务并且应该是我做的任务，不管我喜不喜欢，都会尽力去完成，不只是科研问题，甚至是帮实验室干杂活，都是完成得既快又好。这样的结果就是导致了程老师以为我喜欢做科研……

一个称得上数学人才的青年骄子却对数学研究本身毫无兴趣。这里折射出来的问题，几乎是悲情的：像接力棒一样传递的老师苦心培育的人才，竟然对学习以及其后的科研本身并无兴趣，而不过是基于“听话的好孩子”的驱动而已。

这里还有另一个问题很有思考价值：萧杨没有选择基于他难得的天赋、同时也给予中国科学事业发展的需要、更有价值的数学科研，这里确实折射出我们这一代孩子在襟怀上的褊狭，但仔细思考，如果反过来，尽管萧杨对数学本身并无兴趣，但却基于社会责任感，选择继续做数学科研，这就一定是合适的么？或者说，他究竟会不会沿着导师和社会所期待的那样，成为杰出的数学大家，而不会半途而废呢？甚至，让他从事自己毫无兴趣，只能从中感受到累的职业，对他本人来讲是不是就是道德的？这里从教育而言之，核心的问题还是学习兴趣从来就没有被真正激活。

好在他还有自知之明：“我肯定不是科研界需要的人才，对科研没有兴趣的人不可能做出真正有意义的成果，我希望自己是教育界需要的人才。”萧杨表示，对去中学当老师充满期待，他很喜欢教会别人知识的那种成就感。他对当教师有兴趣，如能成为一个杰出的教师，也不失为一个不错的选择。

反思萧杨的成长历程，从牙牙学语到博士毕业，可谓顺风顺水。但如果要问，他读书快乐吗？或者他在读书中得到足够的快乐了吗？可能这个问题就比较棘手。萧杨的成长可谓被学习的典范，他所经历的学校教育，或者说，他在学校教育中的成功，说白了就是利用了他的个人天赋。读书对于他而言，与其说是一种乐趣，毋宁说是一种任务；与其说是他在读书，毋宁说他是在被读书。

读到博士毕业，应该说萧杨获得了数学学业上的成功，但他却从未对数学有过真正的兴趣，这不能不说是其所经历的教育之根本上的失败。萧杨的问题显然不仅仅是属于他个人的。有一次，学院组织年轻教师讨论，请我介绍经验，我就讲到个人发展的几点体会：合理选择，找到方向；坚持自我，排除诱惑；注重基础，厚积薄发；脚踏实地，找到乐趣；注重身体，立足长远。随后，一位成果颇丰的女老师听完我的发言后说，我说的其余几点她都有，就是没有乐趣，做研究只是为了发表文章，完成任务。缺少了纯粹求知冲动的驱使，一个人要长久而富于创造性地从事知识的探究几乎是不可能的。钱学森生前多次提出“为什么我们的学校总是培养不出杰出人才”的问题，这个问题也被称作“钱学森之问”。我们之所以没有培养出足够多的高端创造性人才，一个关键的原因正是我们自幼就缺少了足够的兴趣，成年之后更加缺乏纯粹求知的内驱力。

雅斯贝尔斯曾这样谈及研究工作：“如果工作并不限于

简单的无休止的埋头苦干，如果工作还有更深刻的含义，那它就需要借助另外一些不是单靠一腔热情就能获得的东西。在一开始的时候，是那些突如其来的想法给了科学家动力，赋予他们的研究工作以意义。这些念头生长着，运动着。但他们不是被一厢情愿地推动的。他们确实在生长着，然而却只是为那些持之以恒的人生长。‘猜想’是来无影去无踪的。恰恰是那个只身推动学问繁荣的东西——那个若有若无、捉摸不定、虚无缥缈的东西——需要全副身心的投入。凡是从事理性的科研工作的人，必须得是对自己的工作始终念兹在兹的人，必须得是彻头彻尾地沉浸在工作之中的人。他的生活不可以将工作和娱乐划分得畛域明确。”① 一个人如何可能念兹在兹地投身于自己的研究工作？显然，这需要我们全身心地投入，这种投入依靠单纯的被动是不可能持久的，唯有当我们全身心转向研究工作，我们对之始终抱有旺盛的求知欲，我们才能从中找到乐趣，并且获得持久而深刻的意义。

一个人为什么成年后能保持旺盛的求知欲？关键在于年少阶段能享受学习，养成积极向学的生命特质。换言之，**年少阶段其实就不是用来学习的，而是用来准备学习的。也就**

① 雅斯贝尔斯．大学之理念 [M]．邱立波，译．上海：上海人民出版社，2007：69.

是说，年少阶段的学习一定是享受学习比学习什么更重要。一旦从小开始，就以学东西为目标，而不是以准备学习为目标，孩子的学习热情本身就很容易被抑制。年少阶段的好奇心与对美好事物欲求的开启,可谓一个人向学性形成的关键。从个体素质发展而言，好奇心、想象力与热情的唤起，可谓核心素质。这提示我们，**早期教育的关键问题就是好奇心与探玄钩奇过程中所获得的美好事物的经历。**好奇心乃是儿童天性的舒展,美好事物的经历则让孩子获得积极的情感体验,增进学习的热情。正是在好奇心和热情之上，培育一个人积极的兴趣，引导个体找到学习的乐趣，养成学习的内驱力，给一个人长远的人生发展奠定坚实的基础。

年少时期学业压力过大，不仅无法享受学习，更重要的是不会扩展天然的好奇心，不能促成向学特性的形成，由此而抑制向学之心的生长，为成年后对学习的厌烦打下基础。成年以后，我们更多地习惯于快餐式的阅读、学习，难以专注于挑战心智的、不乏艰深的学习活动。苏格拉底等人所奠基的西方求知传统，就是要免于职业的考量而保持纯粹的求知兴趣。我们缺少的正是单纯地向学的热情，我们从小就习惯于功利化的学习、任务式的学习,每天的学习就是完成任务,应付考试。一旦离开了应试,我们反而不知道自己该学什么了。

唯有当一个人年少时期内在地激活了向学之心，他才可能逐渐地拥有纯粹的求知热情。这种纯粹的求知热情，才是可以持久的、贯穿一生的。一个人的成功，一个重要的条件就是能较早地认识到自己愿意做什么、能做什么，而且能一直坚持下去。学校教育一个重要的任务，就是要循序渐进，依照不同年龄阶段儿童发展的特点，想方设法地孕育向学之心，培植向学的生命，激励这种生命，扩展这种生命，让个体活在向学的生命意向之中。

学习的热情比学什么更重要，换言之，**个体如何进入学习中的生命姿态比学什么更重要。**当然，学习热情的培植也是以好的学习内容为基础的，缺少了合适的学习内容，学习热情也是空乏的。关键在于，有好的内容，还要有恰当的方式，让个体感受到学习的乐趣、学习的意义，从而迸发学习的热情。享受学习才会自然地让个体身心充分融入学习情境之中，学习也就自然地成为生活的一部分，而不是强加于个人生活之中的异物。一旦学习毫无热情，不足以激活个体的好奇心与想象力，学习反过来成为无时不在的压力，学习就不过是个体生命不得不承受的负担。一旦学习成了个体向学之心不断生长生成的过程，学习就不再是负担，而是个体生命生长的涌动着的资源和动力，是个体生命成长的阶梯。

学校教育的基本主题：青春、学问、责任

向学性作为个体生命积极向上之特性，关涉的是学生完整的生命存在。个体主要显现为三种基本生命形态：一是自然生命，主要指个人的自然肉身；二是文化生命，主要指个体学习、朝向文化知识的能力与状况；三是社会生命，主要指个体的社会关系结构与社会化的程度。个体向学性的展开以活泼健康的自然生命为基础，以生动开放的文化生命为内涵，以富于关爱的社会生命为目标，最终指向个体生命整体的积极向上。学校教育正是在成长中之个体生命的三个基本层面展开的，显现为彼此相连的三大基本主题，即在个体自然生命层面主要显现为对个体自然生命的促进与成全，可以概括为青春；在个体文化生命层面主要显现为个体对知识与真理的欲求，可以概括为学问；在个体社会生命层面主要显现为个体之社会关系的理解与践行，可以概括为责任。

就个体之自然生命的扩展而言，学校教育的基本主题大致呈现为：快乐、童趣，这是学前儿童教育的基本主题；健康、活泼，这是学龄初期儿童教育的基本主题；阳光、向上，

这是学龄中期儿童教育的基本主题；青春、梦想，这是学龄中后期个体教育的基本主题。围绕个体与自身的关系展开的基本主题，可以大致名之为生命教育，其中涉及的主题就是如何充分地唤起、激励自然肉身之个体积极健康地活在这个世界之中。

就个体之文化生命的发展而言，学校教育的基本主题大致呈现为：好奇与想象力的萌芽，这是学前儿童教育的基本主题；兴趣的培养，这是学龄初期儿童教育的基本主题；求知与创造的热情，这是学龄中期儿童教育的基本主题；探求学问，追求真理，这是学龄中后期个体教育的基本主题。围绕个体与知识的关系展开的基本主题，可以大致名之为知识教育，其中涉及的主题就是如何充分地唤起个体积极的求知意向，使个体学会学习，爱学习，并且享受学习。

就个体之社会生命的发展而言，学校教育的基本主题大致呈现为：基于亲子交往之上的幸福与乐观的感受，这是学前儿童教育的基本主题；以同伴、师生交往为基础的爱与同情，这是学龄初期儿童教育的基本主题；基于对社会的理解与认同之上的学会关心，这是学龄中期儿童教育的基本主题；基于对时代与社会发展的内在理解之上的责任担当，这是学龄中后期个体教育的基本主题。围绕个体与世界的关系展开的基本主题，可以大致名之为德性教育，其中涉及的主题就是如何建立个体与世界之间的积极的联系，让世界活在个体之中，让个体活在世界之中，让个体成为与世界建立丰富联系的健全的人。

三者的关系，大致可以概括为，生命教育是基础，知识教育是支撑，德性教育是旨归。**生命教育的旨趣就是要唤起个体置身世间的积极生命情态，唤起个体作为爱之在；知识教育的旨趣乃是在唤起个体向着世界的好奇心的基础上，激励个体的生存智慧，唤起个体作为智慧之在；德性教育的旨趣就是唤起个体进入这个世界之中，实践自身作为爱与智慧的存在，提升个体的生命境界，让个体成为置身时代与社会之中的实践着的、显现为蓬勃向上的生命气象之健全个体。**

生命气象的提升：激励学生向学性的根本指向

何为生命气象？人的生命不是一个物，而是包容着形体和精神的存在，人之为人的高度就在于其精神发展的程度。基于形体的个体生命精神的发展，或者说从人的肉身存在衍生而来的人的生命精神整体，就是人的生命气象。生命气象即生命的内容、蕴含，也即生命的境界。这里涉及的核心问题就是怎样从理智的教育转向生命的教育，如果说学习什么是理智的行动，那么向学性的唤起则是完整生命的姿态；如果说启发的教育是理智的，那么愤悱的教育就是生命的。学校教育不仅仅是开启人的理智，成就人的理智，更是激发人的完整生命，成就人的生命健全，或者说成就个体健全、蓬勃的生命气象。之所以提出生命气象的问题，就是要超越物化的教育，提升教育实践的生命意蕴。

前面说到向学性的培植关涉“钱学森之问”，也就是杰出知识创造人才培养的问题。这还是着眼于未来，着眼于民族国家发展的需要来谈论的。其实，启迪学生的向学性，不仅是指向未来，更是指向学生的当下，也就是提升儿童的生命气象。

鲁迅在《集外集》序言的结尾这样写道：“我惭愧我的少年之作，却并不后悔，甚而至于还有些爱，这真好像是‘乳犊不怕虎’，乱攻一通，虽然无谋，但自有天真存在。现在是比较的精细了，然而我又别有其不满于自己之处。我佩服会用拖刀计的老将黄汉升，但我爱莽撞的不顾利害而终于被部下偷了头去的张翼德；我却憎恶张翼德型的不问青红皂白，抡板斧‘排头砍去’的李逵，我因此喜欢张顺的将他诱进水里去，淹得他两眼翻白。”这里传达出来的是鲁迅对童年天真的怀念以及对在成人过程中保有必要的童真的人格的期待。一个人过于成熟，便难免圆滑，少了一份天真与趣味。所谓少年精神，就是在理性蓬勃生长的过程中又有着少年独有的虎虎生气，这其中所蕴含的正是一种活泼而健康、积极向上的生命理想。正如孔子所言："质胜文则野，文胜质则史。文质彬彬，然后君子。”（《论语·雍也》）质朴胜过文采，就显得粗野，文采胜过质朴，就显得虚浮。文采和质朴兼备，然后才能成为君子。这里讲的其实就是一个人质朴的生命力，也就是基于自然天性而显现出来的生命力与后天教化的平衡。教育乃是文化与生命之间的行动，是文化与自然生命在个体发展中的辩证统一。文化给生命以引导，鲜活的生命让文化充满活力，让教育富于生气。正是基于自然之质朴天性的生命活力给个体成长注入绵绵不绝的生气。**朝向文化，而又不失自然、质朴的天性，这就是个体健康成人之道。**

早在 1930 年，蔡元培先生就提出现代中学生的三个基本条件，虽然其中的内涵可谓老生常谈，但却富于启发：狮子样的体力，猴子样的敏捷，骆驼样的精神。狮子样的体力一是“与世界健儿，一较好身手”；二是“以健全的体力，去运用思想创造事业”。猴子样的敏捷乃是期待中学生今后在“求学做事两方面，立振颓风”，学“猴子样的敏捷”，急起直追，不要有颓废气息，少年老成。骆驼样的精神乃是期待中学生能担负起“对于学术上的责任，对于国家的责任，对于社会的责任”。①

我们可以细想一下：蔡元培的提法跟德、智、体全面发展有什么不同？对我们有什么启示？最大的不同在于，蔡元培不是停留在静态的素质结构上，而是立足于活生生的生命精神。显然，我们所需要的不仅仅是静态的个人素质的全面发展，而是每个人多方面素质的生动活泼的健全发展。

有意思的是蔡元培后面还补充了两点，“美术的欣赏”“自爱和爱人的美德”。爱美和爱人，孕育个体爱世界和爱人的情感态度，正好构成个体发展的基础，孕育、提升个体向学的生命。如果说狮子样的体力、猴子样的敏捷、骆驼样的精神是个体发展的方向与内容，那么对审美之爱与德性之爱，无疑构成了发展的基础，温润着个体生命。

学校教育不仅有传承文明、培育人才的使命，同样有更新教育气象、激扬生命理想的责任。两相比较，后者更为基本，学校涌动着的应该是活泼向上的生命气象。梁启超写的

---

① 蔡元培．蔡元培教育论集[M]．长沙：湖南教育出版社，1987：477—482．

《少年中国说》，所谓“少年智则国智，少年富则国富，少年强则国强，少年独立则国独立，少年自由则国自由，少年进步则国进步，少年胜于欧洲则国胜于欧洲，少年雄于地球则国雄于地球”，今日读来依然让人血脉贲张，这其中传达的正是少年生命气象的显现与发扬。时至今日，青少年儿童在家庭、社会的被重视程度可谓前所未有，但少年气象则难免在各种应试化的训练之中，在成人世界寄予儿童的各种要求的挤压之中，支离破碎。

小结

生命理想与少年气象

学生就是在学习状态中的儿童，是在学习中生活、在学习中成长的活生生的生命。学生代表着一种蓬勃的精神，一种向学而生的生命状态。学校教育作为积极成就学生的实践，就是要扩展学生的生活，促进学生的生长，提升学生的生命，孕育民族健全的少年气象。健康的体魄、发达的兴趣、蓬勃的热情、宽广的视野、开阔的襟怀，这就是少年气象。今天，我们试图重新来解释学生的内涵，其要旨就是要培育年轻一代健全的生命气象，激扬他们蓬勃向上的生命理想。

重温周恩来读中学时“为中华之崛起而读书”的豪言，我们更应该感慨的是作为中学生的周恩来所显现出来的这种少年豪情，这恰恰是我们今天的中学生需要借鉴的、学习的精神。学生应该意气风发，而不是少年老成；学校应该朝气蓬勃，而不是暮气沉沉。重温“吾爱吾师，吾更爱真理”，彰显年轻人可贵的精神气质；“好好学习，天天向上”“苟日新，又日新，日日新”（《大学》第三章），这其中蕴含着人类、民族美好的教育期待和积极的生命气象。培育学校教育积极的生命理想，努力提升我们时代、我们民族国家年青一代的生命气象，这是多么迫切的教育主题！

三

教师：活在师生关系之中

学生是学校的中心，要促成学生的中心地位，切实地促成学生成长,还需要优秀的教师。如果说学生是学校的中心，那么教师就是学校的支柱。好的教师对于学校教育的重要性，无论怎么拔高，都不会过分。

友人张文质有一次说，我和他都长着一副有女儿的爸爸模样。长着一副有女儿的爸爸模样，那是因为对女儿柔情如许，时刻活在对女儿的关爱与期待之中。这种父亲对女儿的关爱与期待不自觉地变成了我们的表情与行为方式，形塑着我们的形体，使我们显现出不同于有儿子的父亲的形象。

当老师是不是也有老师的样子？当久了老师是不是也会有人说，我们长着一副老师的样子？老师的样子又是什么样子呢？说一个人长着一副老师的样子，不是因为老师天生一副动辄脸色铁青教训人的模样，而是因为老师活在对学生的关爱与期待之中。

一般说来，具有“孩子气”的教育者更有利于在教育实践方面作出贡献，像苏霍姆林斯基、陈鹤琴、斯霞等。陈鹤琴说过，假如有“来生”还是愿意做教师，“因为我喜欢孩子”。他最爱听儿童歌曲，直到 90 岁生日那天还唱过。逝世前，他以颤抖的手写下 9 个字:“我爱孩子，孩子也爱我。”[①] 因为我们真实地爱着孩子，孩子就会真实地爱我们，爱生活，并由此而爱世界。

著名儿童教育家陈鹤琴

陈鹤琴（1892—1982），中国著名儿童教育家、儿童心理学家。他毕生从事儿童心理与教育的教学和研究，创立了中国化的幼儿教育和幼儿师范教育的完整体系。

① 孙孔懿. 散论教育家 [J]. 中国教育科学，2013 (1): 121.

活在师生关系之中：教师生命的本质

我们究竟在何种意义上是一名教师？拥有教师资格证，那是一种社会身份的获得，是一种符号的合理化。但要真正成为一名教师还需要我们不断寄予自身所拥有的教师符号以内容。成为教师是一个过程，是一个不断给教师之“名”以“实”的过程，所谓“名副其实”。如何给教师这个“名”辅以实际的内容呢？在日常生活中，“教师”于我而言只是一种形式化的身份。站在课堂上的我，和站在公共汽车上的我，尽管是同一个我，但却拥有不同的内涵。在公共汽车上，别人称我的“刘老师”，是一种符号、一种尊称，它没有内容。只有当我们在真实的教育情境中，发生一种社会所期待的教育交往的时候，我们才在真正的师生交往中显现自身作为教师的存在。师生之间的教育性交往就是使我们成为教师的时间和空间，是我们作为教师的实践“场域”。在那里，教师的符号获得了真实的内涵。换言之，只有在真实的教育交往中，学生才让我们显现为真正的教师，让我们成为名副其实的教师。

真正的教师形象并不是静态的，而是动态的，是实践着的。**真正的教师活在师生关系之中。作为教师，就是要在教育实践中显现自身作为教师的存在，就是要在真实的师生交往过程中显现教师生命的本质。教师之为教师的价值就是显现在鲜活的师生关系之中。教师之为教师，就是向着学生的生命显现。**学生向着学习，教师向着学生，这就是好的学校教育的核心与关键所在。

我们来思考一个问题：是先有父亲，还是先有儿子？就实际存在而言，当然是先有父亲，后有儿子；但从逻辑而言，是儿子让父亲成为父亲，儿子赋予父亲作为父亲的内涵。我们总是在实践的过程中显现我们自身，这意味着我们总是在实践对象的身上显明我们自身的存在属性。作为教师，我们总是从学生身上来显明我们作为教师的品质。优秀的教师活在师生交往的优秀品质之中。

2012 年 6 月初，我参与学院教育硕士答辩时，有一位来自深圳的女老师，叫黄娟，论文题目是《网络环境下中学德育管理的困境与出路》，拿到手上，稍微浏览一下，感觉非常单薄，材料也不够充分。我是答辩主席，轮到我发言时，我开头就不客气地批评了她，说她的论文除了中间一部分有点数据外，其余的内容不够充分，几乎没有注释，然后表示这样的论文是很难通过的。等几位学生答辩完退场后，我们几位老师讨论时，一位女老师提到，这个女孩很不容易，她的论文后记中写了，她得了癌症，能够坚持做完论文就算不错了。我连忙翻到后记，一看，果真如此，她2006年入学时就已经被医生确诊患有淋巴癌,需要进行化疗等治疗。“因为身体的缘故，毕业论文的撰写拖延下来，而且于2011年病情复发，完成初稿的论文因要重新进行治疗而不得不再次中断，幸运的是，学校和教科院并没有放弃我，为我保留了资格。”在与病魔抗争的同时，是导师田汉族和学院研究生班的宋明老师鼓励她把论文做完,完成教育硕士阶段的学习。我当即表示，尽管今后可能有被抽查到的可能，但我们还是通过了她的论文，只是请她尽量修改一下。后面宣布答辩结论的时候，我特意向她表示了祝福，同时也期待她尽力修改论文，圆满地完成教育硕士的学业。

显然，站在学问立场上评价这位老师的论文，也许是没错的；但如果站在学生的立场上来评价，则我的评价明显有失公允。前一种评价是基于教师自身，是作为教师的我单向地对学生进行评价，学生仅仅作为评价的客体；后一种评价则是基于关系，学生不仅仅是评价的客体化对象，还是生活中的人，我对她的评价应该置于她的生活背景之中，思考她的研究对于她自身的意义，由此来评价才能更好地引导她、激励她、成全她，而不是简单地贬抑她。

经历了这件事情，让我对究竟应该如何做教师有了特别的感触：**教师站在学生面前，任何时候都不是为了简单地向学生展现你的才华，而是为了激活学生的生命，激发学生的才华——尽管教师的才华是非常重要的，但教师的才华不是为了炫耀，而是为了增进学生的智慧和勇气。**不仅如此，教师对学生的判断是否就准确无误呢？比如我对黄娟老师论文的判断就有简单定论的成分。这意味着**真正的教师，在任何时候都应把自己置身于师生关系之中，活在师生关系结构中才是教师生命的本质。**换言之，只要你作为教师的身份出场，你就应把你作为教师的生存置于师生关系结构之中，充分考虑你的每一个言行对于学生的生命意味着什么。教师的职责，在任何时候，都是为了成全学生的生命，而不是抑制、阻遏学生生命的成长。

我们来看钱理群先生如何解读《藤野先生》：①

开头五段写“我”与中国留学生的格格不入、写“我”在仙台生活的不适应，都揭示了“我”生存状态的困境。而

---

① 钱理群.《藤野先生》：鲁迅如何写教师[J]. 语文建设，2009(9)：14—17.

藤野先生正是在“我”无法摆脱困境的绝望情况下出现的，他对“我”毫不经意的关怀，对于“我”孤寂的心灵无疑是巨大的慰藉。

而围绕所谓漏题事件，以及幻灯事件所引起的风波，则揭示了“我”的另一个困境：一个弱国的知识分子在日俄战争以后日本的民族主义狂潮中，所受到的屈辱、所感到的巨大压力、所激发起的反省。藤野先生又再一次用他“为中国”“为学术”的大心，超越了狭隘的民族主义，让“我”看到了另一类型的日本人、另一类型的知识分子，这对再次处于绝望的黑洞里的“我”，无疑是一线曙光。

读者只有在充分理解了“我”的这样的生存的、精神的困境以后，才能理解藤野先生对于“我”的意义。

当我们把握了鲁迅“怎么写”（在“我”的生存、精神困境与藤野先生对“我”的态度的对照中来展开描写）的用心时，我们也就同时理解了鲁迅要“写什么”——他要通过藤野先生在自己精神成长中的作用来表示他对这位老师永远的敬意。

藤野先生不过是做了他本分的工作。但如果放在藤野先生和“我”的关系中，放在“我”的精神成长史中来看，就会懂得这些严正和崇高的评价的深意：“我”在日本留学期间的精神困境，折射了一个时代的觉醒的知识分子的困境。读者只有在充分理解了“我”这样的生存的、精神的困境以后，才能理解藤野先生对于“我”的意义。

显然，要恰切理解藤野先生之于鲁迅的意义，需要放在鲁迅个人的精神历程之中。这提示我们，作为教师，需要把学生放在自己精神发展的历程之中，来显现教师之于学生发展的生命意义。

有意思的是，所有“我”的这些困境，藤野先生都不知道，他也无法知道，他仅仅是凭着一个教师的职业责任感和一个医学研究者对学术的热情、忠诚，做他应该做的事。他也并没有特别看上这位中国留学生。但越是平常，越是不经意，就越是珍贵。这也是藤野先生绝对没有想到的：他的这些自然表现，却在“我”的心灵中引起巨大波澜，并且引发出崇高的敬意。①

这提示我们，教师对学生的理解，其实是一种无时不有的学生立场，也就是一种时刻保持的真诚态度，而并不一定是基于教师对每个学生的生存境遇的了解。时刻朝向学生，活在师—生关系结构之中，才是教师生存的本质。教师对学

① 钱理群.《藤野先生》：鲁迅如何写教师[J]. 语文建设，2009(9)：14—15.

生的影响如果契合了学生的内在需求，那么教师的影响就会在学生的精神结构中呈现扩展的态势；如果教师的影响完全忽视了学生的接受，教师只顾着展现教师自身的教学魅力，或者程式化地完成自己的教育教学工作，那么教师的影响就难以进入学生当下的心理结构之中。这意味着**教育在任何时候都是一种关系，教师在任何时候都需要立足于师—生的关系结构来理解与实践自我的教育行动。**

教师作为向着学生的实践姿态

教师生命显现在师生关系结构之中，真正的教师向着学生而生。教师之为教师，不仅是静态的社会身份，更是动态的教育实践。教育学（pedagogy）一词，源自希腊语。希腊语的“pedagogue”最初的含义就是孩子的带路人，指引他们怎样去学校、怎样回家。当然，“引路”这个概念也许还有更丰富的含义。成人那时有着陪伴孩子、与孩子在一起、关心孩子的职责。“希腊教育学最初的思想将教育学与‘引路’的意义联系起来——陪伴孩子并与他们一道生活，以便为孩子指引方向和关心他们。”①为了使教师的行为产生足够的教育意义，教师必须站在与学生的关系之中，来选择合理的教育行动。换言之，在每一个情境中，教师必须立足师生关系来行动，以求得怎样对学生好，更有利于学生的成长。“教育行为意味着你应试图去分辨什么对孩子好、什么对孩子不好。正因为如此，教育学的研究和实践从科学意义上来说永远也不可能是‘客观的’。抚养和教育儿童始终涉及价值的判断。”②

教师站在学生面前，不是耳提面命，而是随时准备聆听学生，聆听学生内在的需求，活在对学生的期待并且随时回应学生的期待之中。“只有当我们真正感受到教育作为一种召唤而激起活力和深受鼓舞时，我们与孩子的生活才会有教育学的意义。……父母必须聆听孩子的召唤并以适当的方式行动。毕竟，为人父母的含义就是保护和抚养孩子。做父母意味着生活中有了召唤——教育的召唤。同样地，做孩子就是与某个能注意和听到他的召唤的人生活在一起。这种召唤将这个孩子和这位父母联结起来，成为一体。教育的召唤就

① 马克斯·范梅南．教学机智：教育智慧的意蕴[M]．李树英，译．北京：教育科学出版社，2001：51．

② 马克斯·范梅南．教学机智：教育智慧的意蕴[M]．李树英，译．北京：教育科学出版社，2001：59．

是那种召唤我们聆听孩子需求的召唤。”① 始终活在这种召唤以及对这种召唤的回应与积极行动之中，这就是教师生活的实质。**成为教师，意味着随时准备迎接这种召唤。正是这种召唤，让教师走出其个人自我，而活在作为教师的生命状态之中。**

范梅南在《教学机智——教育智慧的意蕴》中，为说明这个问题，引用了一个堪称经典的故事和评述：

在一个叫作“掷星者”的美丽故事里，已故的 Loren Eiseley，人类学和历史科学教授，详细讲述了一次经历，表明以一种深沉的、自律的方式了解某个事物意味着什么：Eiseley 走在海滩上。人们在拾着退潮后散落在海边的贝壳和海星。当走过拾贝者、拾星者们翻滚的锅旁时，他注意到远处一个长长的身影。一个男人目不转睛地注视着沙滩上的什么东西。最后，他蹲下来将一个物体掷过飞溅的波涛。

当 Eiseley 终于走近，他看到那个男人又蹲下来了。在一个沙子和淤泥坑里，一个海星笨拙地使出它的胳膊，从令人窒息的泥浆里爬出来。那个男人敏捷而又温柔地拾起它迅即扔到远处的海里。“它可能还能活着。”他对 Eiseley 说。

① 马克斯·范梅南．教学机智：教育智慧的意蕴[M]．李树英，译．北京：教育科学出版社，2001：34—35．

Eiseley 有点尴尬。他注意到没有别的什么人冒险来到这么远的海滩。“你也拾吗？”他问，那个男人指着躺在岸边奄奄一息的生命，轻轻地说，“只捡这样的，而且只为了生存”。

Eiseley 在这个故事中所指出的是，科学规范的关键不只是将自然收集和分类以为人类的物质利益而用。真正的约束就是做一个“掷者”。一个既储存又归还的人。一个为了自然、为了“物尽其用”而努力去理解自然的本性的人。他所描述的“掷星者”有着一种热情——懂得什么是自律，什么需要服从和责任。这里，“责任”指的是能够听到什么在讲和讲的是什么。要能够听到海星的声音，必须热爱它的本性。

我们关心孩子，并不仅仅是因为我们对孩子充满好奇，或者因为我们天性喜欢孩子，而是因为我们切实地关心孩子的成长。“教育学使我们（老师、父母、顾问，等等）心向着孩子、心向着孩子生存和成长的固有本性。”[①] 我们爱孩子，并且对孩子的成长负有责任，仅仅意识到这一点还是不够的，我们更要意识到这种责任究竟意味着什么。这里的责任就是**善于倾听孩子们成长的内在需要，爱他们的固有本性。**[②] 教

① 马克斯·范梅南．教学机智：教育智慧的意蕴[M]．李树英，译．北京：教育科学出版社，2001：44．

② 马克斯·范梅南．教学机智：教育智慧的意蕴[M]．李树英，译．北京：教育科学出版社，2001：45．

师之为教师的本质，就在于我们每时每刻都在对学生成长的真实期待之中，这种期待弥散在我们的举手、投足、微笑、注视、亲切的问候、鼓励的话语之中。我们心向着学生，关心着学生，倾听、发现、理解学生的内在需要，并随时准备予以必要的扶持、帮助、指导，或者予以必要的陪伴。

范梅南在讨论“什么时候老师不成其为老师了呢”等问题时，提出教育学的基本条件：爱和关心、希望和信任、责任感。①爱和关心让我们走近孩子，希望和信任让我们激励孩子，责任感则是对如何切实地促进孩子的理智承担。这些教师之为教师的条件，也就是内在质素，都是在与学生的关系结构中展开的，或者说都是教师朝向孩子的方式。**向着学生而生，可谓教师的基本生命姿态。换言之，教师作为教师之生命的特殊性，正在于向着学生而生的教师生存姿态。教师的每一句话、每一个行为、站在学生面前的每一个姿态，都激励着学生，向着学生的健康成长，特别是学生精神生命的成长。**不管学生处于何种年龄阶段，不管学生的身心发展状态如何，**每个人都是成长中的生命，每个生命中都有着自我向上的精神，优秀的教师就是发现、**

---

① 马克斯·范梅南：教学机智：教育智慧的意蕴[M]．李树英，译．北京：教育科学出版社，2001：87.

理解、激励这种精神。教师在任何时候都不可能给出学生的发展，学生发展在自我生命的成长之中，或者说学生成长着属于自己的发展。正如诗人里尔克所喻："农夫即使再费心工作，农作物在夏天结果也不是他的功劳，而是大地赐予的。"[①]里尔克把自己的身心完全归依大地，他的诗所表现的，不是自我的情感，而是大地的情感与愿望，仿佛大地一把将他从人类中挑出来为自己说话，这正是成就里尔克作为伟大诗人的原因。怀着对生命成长的虔敬之心，努力克制教师自我的私己性情感，尽可能地贴近孩子，倾听、理解孩子生命成长的奥秘，让这种精神和力量蓬勃地显现出来，这几乎就是教师神圣的天职所在。

"教育学首先召唤我们行动，之后又召唤我们对我们的行动作出思考。与孩子们一道生活以及反思我们与孩子们生活的方式，这两者都是我们的教育性生存的表现。"[②]**教师生命的意义就在于与学生相遇的每一刻，在聆听、回应学生的召唤之时，活出教师生命的精彩，在充分成就学生的过程中实现教师自身生命的价值。**正是在这个意义上，"教育学就

① 崔建军．纯粹的声音：倾听《杜英诺悲歌》[M]．北京：东方出版社，1995：47.

② 马克斯·范梅南．教学机智：教育智慧的意蕴[M]．李树英，译．北京：教育科学出版社，2001：37.

是迷恋他人成长的学问”，[①] 教师之为教师，就是活在对学生成长的迷恋之中。所谓“迷恋”，不仅仅是关心，而且是身心无时无刻不朝向他，是个体身心整体的依恋与期待。**迷恋学生成长，也就是无时无刻不朝向学生，对他们充满着注视与期待，并随时回应他们的内在需求，注视、期待、回应他们身上看得见的发展，更注视、期待、回应他们身上看不见的生命成长之内在精神。**

教师向着学生，不是向着抽象的学生，而是向着当下教育情境中的具体个人。我们来看一段柴静对卢安克[②]的采访片段：[③]

卢安克坐在草地上，七八个小孩子滚在他怀里，常不常地打来打去。

我本能地拉住那孩子的手，“不要这样”。

“为什么不要这样？”

我就差说“阿姨不喜欢这样了”，绷住这句话，我试图

---

① 马克斯·范梅南．教学机智：教育智慧的意蕴[M]．李树英，译．北京：教育科学出版社，2001：18．

② 卢安克，1968年生，德国汉堡人，毕业于汉堡美术学院工业设计系。1990年夏天为期3个月的中国之旅，改变了他的人生——从1997年至2012年，他在中国广西的大山里支教，辗转多处山村，过着简陋的生活。他在华支教十年，是感动中国2006候选人。参见百度百科之“卢安克”。

③ 柴静．看见[M]．南宁：广西师范大学出版社，2013：315．

劝他们，“他会疼，会难受。”

“他才不会。”他们嘎嘎地笑，那个被打的小孩也乐。

卢安克坐在小孩当中，不作声，微笑地看着我无可奈何的样子。

我后来问他：“我会忍不住想制止他们，甚至想要去说他们，这是我的第一个反应，可是你不这么做？”

“我知道他们身上以前发生的事情，还有他们不同的特点，都可以理解。”

“但是理解够吗？”

“如果已经理解，然后再去给他们说一句话，跟反感的一句话是不一样的。”

柴静的反应几乎就是我们每个人、每个教师平时习以为常的反应。我们总是有选择性地关注孩子、看孩子。我们看孩子的方式直接地影响着我们对孩子的判断、评价与期待。直白地说，**我们看孩子的方式其实就是我们对待他们的方式，我们看孩子、对待孩子的方式就是我们作为教师的存在方式。**站在学生面前，我们是教他们的，理所当然，我们需要按照我们的要求来教他们如此这般。可是，由于我们往往急于把我们的要求加到他们的身上，我们也就想当然地省去了对他们当下的切实性的观察、理解与判断。我们对学生的判断先于我们对他们的观察、理解。“教育行动所需的知识应该是针对具体的情境而且指向我们所关心的具体孩子。”[1] **关注具体孩子，意味着要关注孩子生存的现实，关注他们现实中的生存，不以个人主观意愿来替代学生自我存在的现实性。**

这里特别值得关注的问题，就是教师如何关切学生存在的现实性。黑格尔说“存在的就是合理的”，这句话并不是说存在的就是好的，而是告诉我们，存在的事物自有其存在的合理性。黑格尔在《小逻辑》的导言中说：“哲学的最高目的就在于确认思想与经验的一致，并达到自觉的理性与存在于事物中的理性的和解，亦即达到理性与现实的和解。”[2] 这提醒我们，作为教师，面对学生时，任何时候都需要考虑到学生的现实性，避免个人的主观臆断替代了对学生现实性的考量。唯其如此，教师才能真正引导学生，促进学生，每个学生的发展只能建立在个人的现实性的基础之上。教师的意义就是把学生现实性中的各种力量调动起来，引导到合适的方向。正如叶澜所言：

一个教师尽管教同一门课，面对同一批学生，但他（她）

① 马克斯·范梅南．教学机智：教育智慧的意蕴[M]．李树英，译．北京：教育科学出版社，2001：64．

② 黑格尔．小逻辑[M]．贺麟，译．北京：商务印书馆，1996：43．

在每节课上所处的具体情况和经历的过程都并不相同，每一次都是唯一的、不可重复的、丰富而具体的综合。教师的创造才能、主导作用，正是在处理这些活的情境中得到发挥，这些活的情境向教师的智慧与能力提出一系列的挑战：当学生精神不振时，你能否使他们振作？当学生过度兴奋时，你能否使他们归于平静？当学生茫无头绪时，你能否给以启迪？当学生没有信心时，你能否唤起他的力量？你能否从学生的眼睛里读出愿望？你能否听出学生回答中的创造？你能否觉察出学生细微的进步和变化？你能否让学生自己明白错误？你能否用不同的语言方式让学生感受关注？你能否使学生觉得你的精神脉搏与他们一起欢跳？你能否让学生的争论擦出思维的火花？你能否使学生在课堂上学会合作，感受和谐的欢愉、发现的惊喜？①

在这个意义上，教师的教育智慧，就是一种及时了解、充分理解学生自我存在的现实性，并积极加以引导的能力。教师的教育理性就是要对学生自我存在的现实性保持自觉，以求得教师的教育理想与学生存在的现实性和解，而不是把我们对学生的简单构想强加于学生的生存现实之上。从消极

① 叶澜．让课堂焕发生命活力：论中小学教学改革的深化[J]．教育研究，1997(9)：7.

层面而言之，正是因为很多时候我们其实无法真正了解孩子的背景，尤其是不同孩子的动态背景，这意味着优良的教育乃是建基于我们对学生的充分的尊重与激励之上。堪称优秀的教师，任何时候站在学生面前，总是能超越外加于教师身份之上的各种预设，同时也超越教师自身的性情欲望，切实地进入当下学生发展的现实性之中，紧盯着学生发展的内在要求，以成全学生为己任，避免教师的主观臆断与意气行事。

教育的根本意义在于“人”的唤起。教师站在学生面前，最根本的意义就是如何让一个尚待成长中的、不充分的人，尽可能地显现出他（她）的属人性，让他（她）像人那样活着。不管孩子之前的心灵状态如何，此时此刻，因为教师的走近，孩子的生命热情被唤起，心智空间得到激励，生命境界得以提升。人是一种可能性的存在，一旦一个人沉浸在某种现实的习惯状态之中，他就弱化了自我存在的可能性，他就不是充分地活在自我发展的可能性之中。教育的意义，教师站在学生面前的要旨，就是要激活人的无限可能性。在这一过程中，孩子们如果感到自己是被灌输、被教育的，则他们的生命状态就整体上处于被抑制的状态，生命热情就会大大减弱。这意味着此时此刻对于教师而言，最好的方式莫过于**和孩子们平等地走在一起，以教师爱与美的心灵去包容学生、感动学生、激励学生，避免学生在当下教育情境中心灵的封闭，激活个体内心对更高事物的欲求。**强调以教育过程的审美化来激励个体，就是要充分地活化一个人的内心，超越外在的身份束缚，保持心灵的开放性与活力，让个体内心得以可能更多地去接纳他人和事物。当我们以耳提面命的姿态站在学生面前，学生自然地就会在这一刻的师生关系结构中显现出被动的地位，师生交往的过程就不是在激励学生的优良人性，而不过是在显明教师自身的优越。

正如卢安克所言："如果自己作为老师，想象学生该怎么样，总是把他们的样子跟觉得该怎么样比较，是教育上最大的障碍。这样我没办法跟他们建立关系，这个想象就好像一面墙壁在学生和我之间，所以我不要这个想象。"教育乃是人与人之间，也是自己与自己之间发生的事。**真正的教育意味着我们和学生一起进入当下，寻求与学生之间生命的契合。**师生交往中的主要问题就是我们在面对孩子过程中的自我封闭。这里有必要区分师生交往的和谐与师生关系的和谐，我们在强调师生关系的和谐之时，往往是基于预设的师生身份，是基于师生身份分别的和谐；而师生交往的和谐，或者就叫师生的和谐，则更多地突出师生在一起的和谐，是人与人之间的和谐。“控制并非爱，控制固守着人与人心灵无交流隔绝状态的距离，使人感觉到控制者不是出于公心，而是在使用狡计，并以被控制者个性泯灭为代价。爱则是对人不自由的束缚的解脱。正是因为有个性泯灭的人的存在，而人与人之间通过教育而平等交流就是驱逐愚昧和塑造人格的最有力的形式。”①

进入与远离：师生关系发展的辩证法

大凡人世间的爱，不外两种基本形式：一种从施爱者出发，一种从受爱者出发。从施爱者出发，爱的表达式是“我想爱”;从受爱者出发，爱的表达式是“我能爱”。“我想爱”，爱是个人意欲的传递;“我能爱”，爱是一种理性的承担。“我想爱”更多的是自我想爱的意愿的成全，“我能爱”则是对爱的对象的成全。“我想爱”的人多感性，“我能爱”的人多理性。“我想爱”的人偏于浪漫，“我能爱”的人偏于责任。

① 雅斯贝尔斯. 什么是教育[M]. 邹进，译，北京：生活·读书·新知三联书店，1991：5—6.

一个不成熟的人更倾向于说“我想爱”，一个成熟的人更倾向于说“我能爱”。“我想爱”的人，由于爱的意愿的强烈，更多的看到的是自己,很容易把对方爱的需要淹没。“我能爱”的人，由于爱的理智，更多地看到的是对方，会把自己不当的爱收敛。“我想爱”的人很容易陷于爱的放纵，“我能爱”的人更多地持守着爱的节制。“我想爱”的人往往会把以爱的名义做出的任何行动都视为理所当然，遵循的是一种类似韦伯所讲的意图伦理，即以意图善的名义来说明行动本身的善；“我能爱”的人则由于处处考虑到受爱者的需要，不是从个人施爱的欲望出发，所以遵循的是一种责任伦理，即能清楚地意识到自己行为的爱的意义。“我想爱”的人格特征在爱中往往渗透着对受爱者的控制，更具有专制意味；“我能爱”的人格特征由于在爱中处处考量受爱者的需要，以受爱人为目的，因而富于民主意味。

弗洛姆曾这样论及母爱：“孩子必须长大，必须脱离母体和母亲的乳房，必须成为一个完整的、独立的生命。母亲的真正的本质在于关心孩子的成长，这也就意味着也关心母亲和孩子的分离。……母爱不仅应该允许这一分离，而且还应该希望并促成这一分离。只有在这个阶段，母爱才成为一项艰巨的任务，因为这时就要求母亲无私并能贡献出一切，除了被爱者的幸福一无所求，但恰恰在这点上许多母亲都失败了。自恋的、专制的和贪婪的妇女在孩子尚小的时候，可以是一个很疼爱孩子的母亲。但是当孩子处于同母亲分离的阶段时，只有那些真正有能力爱的妇女，那些觉得给比得更幸福的妇女，那些生命之根底很扎实的妇女才会继续是一个疼爱孩子的母亲。”①这里可以区分两种爱：一种是旨在占有对方的爱，一种是旨在解放对方、成全自身的爱。占有型的爱大大弱化了个体通往他人与外在世界的可能性，而解放型的爱恰恰是积极地引导个体走向他人与世界，从而塑造开放健全的自我。或如鲁迅所言，“放他们到宽阔光明的天地去，幸福地度日，合理地做人”，对于孩子而言，“光明的天地”并非是自明的，而是一个渐次展开的过程，一种不断扩展的心灵能力，一种温润孕育的生命姿态。

教育在任何时候都是为了学生的成长，而不是，或者说首先不是为了教师个人意愿的实现。虽然学生成长和教师个人意愿两者有相关性，但前者是客观性的，后者是主观性的，前者才是目的和根本，是后者的依据。**深谙教育之道的爱、优秀教师的爱，总是能从孩子的需要出发，能在他们需要的**

---

① 弗洛姆. 爱的艺术[M]. 李建鸣，译. 上海：上海译文出版社，2008：48.

时候积极地进入他们的生活世界，同时又能在必要的时候安静地回退到成人的世界之中，始终守住自己行动的边界。为了孩子的健康成长，堪称优秀的教师（父母等）总是懂得分寸，进退自如。

这意味着教育实践的审慎品格，堪称优良的教育实践绝非是任意而为的，唯有当我们把自我融入学生生命成长的内在要求之中时，我们才能实践着以孩子们的成长为旨归而非为了满足我们自身的教育。教育者的审慎对于当下中国社会教育文化品性而言，乃是至关重要的，我们还远未习得一种师生关系的活生生的辩证法，即一种进入与逃离、肯定与否定同构的辩证法，也就是肯定教师对学生发展的作用，同时又要在学生的生命世界中去教师的影响，而让学生成为他（她）自己，成为会思考、会学习的独立的个体，而不是沦为教师的附庸，或者教师所代表的成人世界的附庸。

进入师生交往关系之中的教师，总是意味着某种影响施之于学生身上。这意味着教师影响对学生世界的进入。优秀的教师总是意味着教师自身影响力向着学生世界的深入，促成学生世界的转变。但如果教师的影响力发生仅仅只是教师对学生的进入，这必然导致教师影响对学生的有意无意、或隐在或显在的控制，学生总是在一定程度上成为教师影响的附庸。这在中国社会亲子交往中比较普遍。

显然，堪称卓越的教师，在以自身影响进入学生世界的同时，又显现出另一种倾向，即向着学生世界的远离，由此而让学生成为他（她）自己，让学生自主自立，而不是作为教师影响的延伸。换言之，教师对学生的影响，并不是让学生成为教师的传声筒，而恰恰是要让学生走出教师的迷魅，也就是让教师从学生世界中退出，让学生成为他（她）自己。在这个意义上，“教”是为了“不教”，这种“不教”之“教”不仅是作为“教”的结果，而且是内含在当下“教”的实践之中，辩证地统一在当下之教的过程本身。换言之，**堪称优秀的教师在任何时候，欲将自己的影响加之于学生身上之时，都应该有一种将自己的影响从学生生命世界之中拔离出去的倾向，以此来保持学生个体精神发展的真正的独立性，而不应该让学生的发展成为教师威权下的压迫性实践。**

苏格拉底的“产婆术”就深刻地显明了这种师生交往的辩证法。作为教师的苏格拉底确实影响了谈话的对象，但苏格拉底并没有灌输给另一方什么知识，他不过是在促成个体知识的自我显现。谈话的结果往往并不是另一方对苏格拉底的遵从，而往往是更大的迷惑，也就是唤起谈话的另一方对更高知识的向往，也即让对方认识到自己无知，并由此而显现在智慧之爱的生存品质之中。

鲁迅曾经提出“鸟导师”的不敬之词，鼓励青年“又何须寻那挂着金字招牌的导师呢？不如寻朋友，联合起来，同向着似乎可以生存的方向走。你们所多的是生力，遇见深林，可以辟成平地的，遇见旷野，可以栽种树木的，遇见沙漠，可以开掘井泉的。问什么荆棘塞途的老路，寻什么乌烟瘴气的鸟导师！”[①]从这个意义上，再来看鲁迅所批判的“鸟导师”，其用意就十分明显。身为教师，任何时候都需要确保青年学生个体精神的独立与自由，促成个体精神的自主发展。如果我们用这个标准来衡量当下的某些教育名家，哪怕他们把自己标榜得如何民主，其骨子里依然不过是威权下学生被成长的教育实践，换言之，他们自己的影响力深深地扎根在学生的生命世界之中。

站在这个立场上，我们再来看师生之间的恩情与学生的感恩意识。以进入为结果的教师影响力的发生，所带来的自然是教师之于学生成长的恩情与学生对教师的必要的感恩；而以进入而又远离为特征的教师影响力的辩证发生，所带来的是学生自我的独立与自由，教师对学生并无非报

① 鲁迅．华盖集[M]．北京：人民文学出版社，1998：46．

不可的恩情，学生的发展也无须对教师感恩戴德。教育乃是师生相互成全的活动，其间并不存在一种感恩的关系。亚里士多德在《尼各马科伦理学》就这样谈论过受恩与施恩的关系，认为与受恩者爱施恩者相比，施恩者更爱受恩者。施恩者之关心受恩者，并不是由于他们可以得到报答。"施恩者对受恩者则满怀有爱和热望，即使这时他并无用处，以后也无用处。这正如匠人与他的作品一样。一切匠人都更热爱自己的作品，而他所创出的作品却不会更热爱他，即使它们能变成为活物。这对诗人更为明显，他们对自己的作品有着过度的爱，把它们当作孩子来抚爱。施恩者似乎也和诗人一样，对人所做的好事就是自己的作品，他们对它的爱护胜于作品对创造者的爱护。……从某种意义上说，作品就是创造者现实活动中的存在，所以对作品要倍加爱护，因为他们所爱的是存在。"[①]对于教师而言，学生的成长就是教师的生命之作，甚至就是教师作为教师的存在的体现。日本知名教育哲学学者矢野智司先生提出赠与的教育学，谈到交往的三种形式，一是等价交换；二是传递性交往，即A赠与B，并不期待B回报于A，而是期待B

① 亚里士多德．亚里士多德全集：第8卷[M]．北京：中国人民大学出版社，1994：201．

传递给C,一直传递下去;三是无私赠与,也即不求任何回报,也不苛求赠与之传递的赠与。显然,无私赠与,正是教师生存之最高境界的体现。

有人撰文这样评述意大利著名作家卡尔维诺整理《意大利童话》:“它是本分的记录,保持着民间的质朴;质朴还在,一个民族的心理以及来自神话原型的看似简单实际古老的内蕴,就不会因艺术加工而丧失。卡尔维诺给了我们无比纯净的语言,这是寻常记录者不易达到的境界。如果说书中打上了大作家的印记,就是这几乎看不见的纯净。”[①] 为师作为一门艺术,亦如卡尔维诺的整理编撰民间童话,尽可能多地保持并显现学生个体的质朴天性和他们自主成长的可能性,而尽可能少地打下教师个人刻意改造学生的烙印。**最大限度地促成学生生命的自我成全,恰恰是对教师自身生命的成全。**

① 张宗子. 旧梦遗痕书还在:二[J]. 书屋,2012(6):40.

教师作为人师：学科教师的身份及其超越

雅斯贝尔斯说，教育意味着“一棵树摇动另一棵树，一朵云推动另一朵云，一个灵魂唤醒另一个灵魂”。这个表述虽然有些诗化，但其中折射出教育技艺的诗性特质。换言之，教师不仅需要踏实的专业知识与教育技能，以及实事求是的科学态度，更需要一种成全生命的教育理想与生命情怀。唯有以教师自身被唤起的生命热情才可能去唤起学生的生命热情，把学生引向心智开启、自我生命成长的渴望之中。这意味着教师的生命特质中既需要成熟的理智，同样需要热情与想象力。堪称卓越的教师生命，乃是作为师者的德性与技艺、思考与行动、人文情怀与科学立场的辩证统一。

正因为如此，在教师身份与学科教师身份之间，教师身份乃是根本性的、首要的。一个人，只有当他首先是教师，他才能谈得上是某一学科的教师。或者，反过来说，只有当一位教师说他首先是在教人，然后才是教某一学科之时，他才是真正意义上的教师。一位教师，首先就是一个纯粹的教师，是指向完整个体生成的教师，也就是向着学生全面发展的教师；其次才是一名语文、数学、物理等学科教师，是某一学科的教师。朱光潜先生和学生有较深的交往，不仅在课堂上以精彩的教学熏陶他们，在课后也参加学生团体的活动，并针对学生的情况予以个别辅导，有时甚至建立了友谊，以至有的学生几十年后还去拜望问候，如张高峰、方成等武汉大学的老学生，在朱光潜晚年与他还有交往。

范梅南这样论及教师的合理定位："教师不仅仅是向学生传授知识，他实际上以一种个人的方式体现了他所教授的知识。从某种意义上说，老师就是他所教授的知识。一个数学教师不仅仅是碰巧教授数学的某个人。一个真正的数学教师是一位体现了数学，生活在数学中，从一个很强的意义上说他就是数学的某个人。同样地，学生也不是简单地储存他学到的知识；每一个学生都是以一个特别的、个人的方式学习。每一个孩子都对他或她的知识和理解事物的方式加以个人的塑造。每一个孩子都以自己独特的方式吸收价值观、实际技术，形成习惯和进行批判性的反思。教师可能在教授一个有 35 个学生的班级；但很重要的是要记住所有的学习最终都是个人的过程。因此，对于教师来说，要将他们所教授的学科以一种个人的方式进行调和并与学生进行个性化的接触，这是一个伟大的挑战。这并不是说，教师必须与他的每一个学生保持一种个人对个人的关系（特别是在高中阶段这是不可能的），但这的确是指，教师对他的学生而言，应该是以其个人的亲切方式出现在他们面前。”[①]

这里存在着教育难易之辩证法：当教师有一个由难而易、由易而难的过程。前面说的是教学技艺的熟练，是教育的技术，后面说的是教学价值的承负，是教育的信仰。换言之，当我们并不深刻理解教书育人的时候，当教师其实是容易的。恰恰是我们对教育教学理解得越深，就越感到当教师的艰难。应该说，教书育人从来就不容易。**我们初入教师职业时觉得当教师容易，或者并不难，那只是因为我们还没来得及意识到它的难处所在。**教书也许会越来越容易，但对育人的担当却越来越难。作为教师，我们应从内心意识到对教育的重负，也就是意识到教师对学生生命成长的担当，让我们走进教师职业的深处。教育教学之所以不能转化成简单的操作技术，就在于生命成长的复杂性，以及担当学生生命发展重任的艰难。一个优秀的教师总是内含着对学生生命成长的担当，当教师不是越来越容易，而是越来越难。

① 马克斯·范梅南. 教学机智：教育智慧的意蕴[M]. 李树英，译. 北京：教育科学出版社，2001：104.

儿童本位与全力的解放：走向教师精神的自觉

某年北京某顶尖大学国学院成立，邀请耶鲁著名史学家史景迁遭婉拒，对接待规格层层加码（如夫妇双邀、来回机票一概头等舱等），找在耶鲁教书的苏炜带着“高规格”信函去见史景迁教授。老先生看完信就笑了，“谢谢他们的诚意和超常待遇”，却正色道：“苏炜，你在耶鲁教了这么多年书，难道不知道，学期中间，任课教授绝对不可以丢下学生去参与任何课程以外的活动吗？”在耶鲁，“教书比天大”。名气再大、地位再高的教授，都得给本科生开课，都需要拿出浑身解数，在课堂教学上有亮眼的成绩。全力聚焦本科生教育，重视课堂教学，对教书有一种几近宗教性的崇敬，这就是耶鲁之为耶鲁的“耶鲁精神”之一。[①] 所谓的专业精神就是一种深切地理解、认同并努力践行我们对职业的内在要求，并抱持一种近乎宗教的情感。“Professional”（专业性、专业化、专业精神），在中文里常常被译为“敬业”；但它在英文里的

① 苏炜．有感于“教书比天大”[N]．新闻晨报，2011—02—24．

意义，却有着某种特殊的标尺、特殊的沉重。

教师以课堂和学生为天职，坚守课堂可谓教师职业道德的基石。置身浮躁的社会，我们需要某种定力。所谓定能生慧，只有当我们全身心沉浸在教师职业之中，我们才能源源不断地释放出自己的教育智慧。堪称杰出的教师，不仅以教育为事业，也以教育为信仰，从容地出入日常教育生活，镇定自如地面对周遭世界，咬定青山不放松，活出心灵的力量，来面对这个日益浮躁的社会。不仅如此，教师劳动中的重复琐碎，复杂艰辛，需要教师的宗教情怀，敬重生命，无条件地关爱学生。学生本位不是一句空话，而是我们作为教师的生活方式，也就是无条件地面对学生发展的内在要求，尊重学生，努力去成全学生的生存姿态，是我们对教育的信念与信仰。

教育不是遥控的技术，但国内某些名家的教育经似乎崇尚这一点。“一位在基础教育界出尽风头的某‘教改专家’的‘教改事迹’中，有一条便是他每学期有两个多月时间在外‘传经送宝’，他所带的班级亦无人代课，可最终考试却依然稳居前列。原因是这位教改专家在接班之初就为学生训练好了一套行之有效的自学方法，这使得他‘在与不在一个样’——学生如同调试好了的机器，可以毫无偏差地在预先设定好的程序下运行”。[1] 然而真正的教育始自师生生命的互染。

苏步青这样描写当时浙江大学数学系的生活：

由于当时浙大规模不大，数学系每个年级不足10人，所以，我们师生之间关系非常融洽。春秋假日，我们跟学生一起登山远游，南高峰、北高峰、玉皇山、黄龙洞，杭州四郊的山山水水都留下了我们的足迹。我和陈建功先生都喜欢喝酒，学生中能喝酒的也很多。在送旧迎新的“吃酒会”上，酒酣耳热，陈建功先生放开喉咙唱起绍兴的家乡戏《龙虎斗》，我则用法语高唱《马赛曲》，一闹就到深更半夜。[2]

这段话可谓切中了好的教育展开的基础，那就是师生的平等交往与共同生活。作为教师，我们有时走在学生前面，但更多的时候还是要和他们走在一起。

苏步青教授和学生谷超豪在一起[3]

① 王淦生. 教书比天大[J]. 陕西教育，2012(6)：1.

② 苏步青. 神奇的符号[M]. 长沙：湖南少年儿童出版社，1997：61.

③ 图片来源：http://image.baidu.com.

同时，当时浙江大学数学系为了把学生培养成才，也对学生提出严格要求，从而在浙江大学数学系树立起严谨治学的学风。

记得当时有一个从上海到浙大念书的女同学，过不惯紧张的学习生活，开学没几天就溜回繁华舒适的上海，整天打扮得花枝招展，看电影，串亲戚，会朋友。后来在父母的催促下才回校上课。我知道这件事后，一进教室就点名叫她上讲台演算习题，算不出不准下台，让她一直在黑板前“挂”了一个多小时。从那以后，她全部心思都用到学习上，后来成了一位物理学家。①

站在今天的立场看苏步青作为教师的行为，也许有些不合时宜，譬如形容女学生花枝招展，中间略有贬义，在黑板前“挂”了一个多小时，也有体罚的痕迹。但其中隐含着重要的教育理念：我们强调教师要**坚持儿童立场，以生为本，绝不意味着放任学生，更不是迎合学生，而是合理引导学生内在发展的要求。**所谓教师职业的专业性，正是作为教师，需要恰切地理解学生发展的内在需求，并作出合理回应的专业立场与态度。关爱学生与对学生的合理要求并不矛盾。

① 苏步青. 神奇的符号[M]. 长沙：湖南少年儿童出版社，1997：61.

“任何教育实践都不是随心所欲的，有责任感的教育实践，需要站在儿童心理发展的高度，站在历史、文化与时代的高度。”[①]不管是关爱学生，还是严格要求，都是有所指向的，那就是积极地促成学生发展。学生的健全发展乃是教师行动的内在准则和根本出发点。

这里还有一个问题，那就是我们时代的教师精神问题，换言之，我们时代需要倡导什么样的教育文化？

“五四”新文化运动时期就孕育出了体现现代教育特征的儿童本位理念，鲁迅写于1919年的《我们现在怎样做父亲》可谓儿童本位教育理念的代表。鲁迅从进化论的视角出发，相信生命需要得到发展，年轻一代的生命应该胜过年长一代，这样社会才会进步，日新月异。父母对于子女有一种天性的爱，“觉醒的人，此后应将这天性的爱，更加扩张，更加醇化；用无我的爱，自己牺牲于后起新人。”[②]这里说的牺牲，并不是指教师要如何埋头苦干、不知疲倦、带病工作，只讲奉献、不求回报，而是指我们在任何师生交往的过程中，始终都能有一种切实的理解儿童、服务儿童、成全儿童的教育理念与行动。**牺牲自我，乃在于尽力地教育，尽力地成全，尽力地**

① 刘铁芳. 古典传统的回归与教养性教育的重建[M]. 北京：北京师范大学出版社，2010：92.

② 鲁迅. 鲁迅全集：第1卷[M]. 北京：人民文学出版社，1998：135.

解放，以促进生命与社会的进步，这依然是我们今日需要仰视的精神品格。我们在续接西方民主、平等教育理念的同时，其实也需要续接“五四”新文化运动以来的教育精神血脉。

显然，这里的儿童本位理念，并不是我们今天常见的对儿童的溺爱。简单地顺着儿童，过度呵护，这样的结果恰恰导致儿童自我解放的不可能，也就是被过度围裹、保护起来的他们，无法独立地面对自己的生活，无法合理做人，无法幸福度日。这意味着我们需要恰切地理解儿童的内在需要，引导这种需要，成全这种需要，面向儿童发展的可能性，让这种可能性逐渐成为现实。

深圳中学语文教师马小平是一位具有国际视野的中学教师，他热爱阅读，经常将书籍、电影与同事、与学生分享，提出与灾难赛跑的教育理念，并编纂《人文素养读本》，摘选罗素、爱因斯坦、黄仁宇、王小波等人的百余篇文章，力图对学生们的“人类文明缺乏症、人文素养缺乏症、公民素养缺乏症”对症下药。

四川成都新都一中语文教师夏昆自封为“国子监四门博士”，因为他除了主课“语文”以外，还给学生教“诗歌”“音乐鉴赏”“电影鉴赏”三门课。夏昆有一个“窗户守望者”的理论——“我们的教育是一个黑屋子，老师、家长和学生都在那个黑屋子里面拼命挣扎。我要做的就是把想要挡住窗户的人一脚踢开，告诉每一个人窗外有多么美好的景色，并守住这个窗户。”

湖北仙桃一中语文教师梁卫星，将对教育的观察写成小说《成人之美》，钱理群认为该小说将人性的阴暗描写得淋漓尽致，达到了“哲学的深度”。

钱理群将这些教师称为“真正的教师”，并总结其三个特点：有自己的思想；爱读书；具体教育理念虽不一样，但共同点是一切为了学生的健康成长。而“没有任何教育思想、理想，也毫无教育公心，既不真正关心学生的成长，也不从教育自身追求个人生命的意义，只是追求和教育本质相违背的个人名利”的教师，则被称为伪教师。[①]

这些教师的特点就是不是简单地面对现实而教，而是**面对现实的阙如而教，**也就是基于他们的敏锐心性和超越习惯之上的教育理念而教。如果说教育乃是面向未来的事业，那么教师的行动就是在培植未来。这意味着教师的行动应该立足儿童未来的发展需要。教师不仅向着学生而教，同时也向着未来而教。

---

① 曾鸣，袁幼林．钱理群“告别教育”[N]．南方周末，2012—09—13．

朱自清1924年在浙江上虞春晖中学任教时这样写道："教育的价值是在培养健全的人格，这已成了老生常谈了。但要认真培养起来，那却谈何容易！第一教育者先须有'培养'的心，坦白的，正直的，温热的，忠于后一代的心！有了'培养'的心，才说得到'培养'的方法。……教育者先须有健全的人格，而且对于教育，须有坚贞的信仰，如宗教信徒一般。"①

以教育为信仰，尽力地成全学生，尽力地解放儿童，这就是我们时代的教育精神。

为教育而生
与以教育为乐

对于大多数教师而言，教师首先是一种职业，这种职业是我们谋生的手段，我们需要靠这种职业生存。但一旦我们面对真实的学生，我们就需要全身心地转向学生，尽显教师存在的实质，全力去促进学生发展。我们就由靠教育生存转

① 朱自清. 教育的信仰[J]. 春晖，1924(34).

向为教育生存。

马克斯·韦伯在《以政治为业》的演讲中提到两种以政治为业的姿态：一是“为”政治生存，一是“靠”政治生存。“‘为’政治而生存的人，从内心里将政治作为他的生命。……力求将政治作为固定收入来源者，是将政治作为职业，‘靠’它吃饭，没有如此打算的人，则是‘为’政治而活着。”[①]教育也一样，我们是靠教育生存，还是为教育而生存，这是一个问题。一方面，教师作为一种职业乃是我们得以谋生的方式，另一方面，教师作为一种极大地召唤着我们的热情、智慧与才华的事业，也将是我们生命的基本存在方式，是我们人生意义的源泉。

那些“为”教育而活着的教师们，他们深深地理解教育，并且以他们平凡的人生来诠释他们对教育的理解；他们懂得为什么而教，怎样去教；他们懂得作为教师意味着什么，并且努力去实践自身对教师身份的理解；他们从不停止探寻教育的真义，他们深深理解自己所从事的工作的特殊性，理解教育的价值和意义，并努力把自身投入到这种价值与意义的建构之中；他们信赖学生，对人性充满美好的向往，对教育

---

① 韦伯. 学术与政治：韦伯的两篇演说[M]. 冯克利，译. 北京：生活·读书·新知三联书店，1998：63.

抱有崇高的理想和坚定的信念，所以他们能清醒地意识到自己在教育中该做什么、不该做什么；他们懂得理解、欣赏、尊重、激励、爱对于教育意味着什么，并且全心全意地付出他们可能的理解、欣赏、尊重、激励与爱；他们不仅是拿自己的智慧和汗水付诸教育生涯，更是在用自己整个的生命作依据。他们的工作是无价的，他们也从不奢望等量的回报。他们之所以这样，是因为他们觉得必须如此，这是出自他们内心的“绝对命令”（康德），舍此，则他们的生命状态即黯然失色。他们的人生与教育合而为一，他们属于高尚的教师职业道德的拥有者与实践者，他们是我们今天时代的师德典范，我们应当尊敬他们，社会理当颂扬他们。①

2014 年 5 月 1 日下午，美国总统奥巴马在白宫举行的第 62 届“国家年度教师”颁奖仪式上，向获此殊荣的肖恩·麦考表达了由衷的祝贺与赞美，并称颂包括肖恩在内的教师们“在做上帝的工作”。颁奖仪式上，肖恩·麦考说：“我成为一名老师，是因为我有非常出色的老师。他们把希望和可能之光洒进我人生的灰暗时期。因此，教师对我而言，就是一份‘要对别人也如此’的天职，这种使命感也让我的职业生

① 刘铁芳. 从“敬业”到“乐业”：当前师德建设的基本问题[J]. 教育科学研究，2005(7): 54—56.

涯过得有意义——帮助孩子们实现他们的人生理想。”

每天跟孩子们在一起，琐碎和平庸是难免的，教师如何对抗日常教育生活的琐碎与平庸？那就是保持日常教育生活的理想姿态。没有一份职业的热情与理想在心中涌动，教师要穷心尽力投入其中、坚持不懈，几乎是不可能的。

除了对教育的热情与信仰，还有一个至关重要的问题，就是对教育的乐趣，也就是如何真正把教育实践变成一种乐趣，从中找到人生的趣味。我们要践行一种让学生有趣味的教育，首先需要教师自己能从中找到趣味，而不是陷于唯恐下课时间还未到、每天疲于应付的教师生存状态。梁启超在1922年4月10日于直隶教育联合会所做“趣味教育与教育趣味”的演讲中直截了当地提出，他信仰的是趣味主义，他的人生观以趣味做根柢，“精神上的快乐，补得过物质上的消耗而有余”，“人类若把趣味丧失掉的时候，老实说，便是生活得不耐烦，那人虽然勉强留在世间，也不过行尸走肉。倘若全社会如此，那社会便是痨病的社会，早已被医生宣告死刑”。同时，他主张拿趣味当目的，不是把趣味作为手段。他提出，“趣味教育的人，是要趁儿童或青年趣味正浓而方向未决定的时候，给他们一种可以终身受用的趣味。这种教育办得圆满，能够令全社会整个永久是有趣的”，换言之，我们需要在年少的教育中就培养健康的趣味。趣味教育的路径，或者说整个教育事业，“从积极方面说，全在唤起趣味；从消极方面说，要十分注意不可以摧残趣味”。具体路径是反对“注射式教育”“课目太多”“拿教育的事项当手段”，主张教师“以教育为唯一的趣味”，来实践趣味的教育。梁启超在这里把趣味在个体发展中的意义提到了作为教育根本目的的高度，也即教育就是要唤起个体的趣味，同时又强调一种以唤起趣味为中心的教育实践，即避免“注射式教育”“课目太多”，让学生“为学问而学问，为活动而活动，所有学问，所有活动，都是目的，不是手段”。①

教师如何把教育当趣味，或者说教育怎样才能成为一种趣味？梁启超主要说了两点：一是教育好比种花，“我自己手种的花，他的生命和我的生命简直并合为一，所以我对着他，有说不出来的无上妙味。……教育事业正和种花一样，教育者与被教育者的生命是并合为一的；教育者所用的心力，真是俗语说的‘一分钱一分货’，丝毫不会枉费”②。这里讲的就是**通过教育，孩子的生命通过我们而变得更好，我们的生命在孩子身上得到延伸，我们跟孩子的生命并合为一。**二是

① 夷夏．梁启超讲演集[M]．石家庄：河北人民出版社，2004：47—52．

② 夷夏．梁启超讲演集[M]．石家庄：河北人民出版社，2004：52．

教学相长，“从事教育职业的人，一面教育，一面学问，两件事完全打成一片。所以别的职业是一重趣味，教育家是两重趣味”，也就是**将孔子所言“学而不厌，诲人不倦”一并实现在教师生涯之中，教师生涯因此而成为切实地实践着立己与立人之统一的活动。**

小结 你就是你的教育学：走向教师人性的卓越

学生让我们成为教师，显现为教师。向着学生而生，可谓教师生命的基本姿态。作为教师，我们需要把我们跟学生相处的每一刻，作为展现教师自我人性、丰盈教师生命意义的平台。

诚如艾默生所言，“我们是什么，我们便只能看见什么。”[①] 我们能看见什么样的孩子的世界、什么样的教育的世界，关键在于我们自己是什么样的教师、什么样的人。你就是你的教育学，教师站在学生面前，你自身，你的整个姿态，

① 布鲁姆. 如何读，为什么读[M]. 黄灿然，译. 南京：译林出版社，2011：79.

就是课堂影响力的源泉。教师宗教般的虔诚乃是课堂感染力的基石。身怀教师职业的敬重，总是能深切地意识到自我职业行动的重要性，发自内心地敬重教师职业，全力以赴，不仅是为了学生，也是为了自我，为了教师人生的幸福。

所谓成人，成长为人，其实就是学会活在人与人之间。范梅南提出，所谓“机智”，其实就是“指向他者的实践”，而教育机智无疑就是指向学生的实践，“我必须为了他人的他者性，考虑周到、行动协调”，“充满机智就是‘打动’他人”。①教师的成长，其要义就是学会活在师生关系之中，活在对学生的倾听与理解以及对学生发展内在需求的合理回应之中，这就是成熟教师的生命本质。

“一个鼓励的点头、一个理解的目光、一个满怀深情的眨眼、一个请求和开放性的脸部表情——这些都不是一套简单的行为学技巧，可以在一个关于课堂管理的研讨班上学得到的。一个用温暖和支持的目光机智地鼓励孩子的老师必须要有对孩子温暖的感情。这个老师必须成为他或她所传递的目光本身。”②充分展现自我人性的优雅，本身就是一切优良

① 马克斯·范梅南. 教学机智：教育智慧的意蕴[M]. 李树英，译. 北京：教育科学出版社，2001：188.

② 马克斯·范梅南. 教学机智：教育智慧的意蕴[M]. 李树英，译. 北京：教育科学出版社，2001：237.

教育行动的基础，或者就是优良教育实践本身。也就是说，教师任何优良的教育行动，其根本依据正是教师自身的生命形式。任何教育方法，离开了教师自身都是空谈，教师自身的生命品质乃是其中最重要的一个环节。教师自身对教育的迷恋，对学生生命成长的迷恋，可谓教师德性的灵魂所在。正因为如此，范梅南这样论及教育智慧："我们可以说教育智慧是知识的一种形式，然而，教育智慧与其说是一种知识，不如说是对孩子们的关心。"[①] 作为教师，就是让我们活出对学生成长的关心来。

今日教师越来越多地成了一种职业，成了一种普通的职业，教师职业身上不再拥有足够的光环。这对于教师既是一种解放，让教师从传统教师伦理中解放出来，无须承受过多的道德负担，但这也会导致教师职业精神的消解。教师职业行为乃是一种需要生命融入的独特的实践活动。正如朱自清所言，教育乃是一种需要宗教徒般的信仰的行动。正是这种行动，让教师对学生、对教育实践充满敬意，激励教师的全身心投入，焕发教育智慧，同时也提升教师职业的价值与尊严感。这对于今日出现的教师职业倦怠现象的消解，可谓不

① 马克斯·范梅南．教学机智：教育智慧的意蕴[M]．李树英，译．北京：教育科学出版社，2001：270．

可或缺的依据，缺少了内在的价值与尊严感，当教师而不倦怠，是难以想象的。

如果教师生活成为一种当一天和尚撞一天钟式的常规应对，那么这样构建出来的师生生活也就无法朝向更高的价值，而使师生共同处于一种简单课业授受的生存应对之中，师生难免生命的疲累。当教师纯然为了谋生而被迫走向讲台之时，这种生存就是紧迫性的，处于阿伦特所说的最低层次的生存，讲台作为公共空间显现不出一丝卓越的人性之光，师生生命的困顿就成为必然。

人们总是在追求美善事物的过程之中成为现实的好人，教育作为精神成人的活动，其核心就是对美善事物的追求。学校教育活动是一种师生之间展开的双边活动，这意味着学校教育的核心乃是使受教育者和教育者都置于美善事物的追求之中。唯有教育者自身不断地朝向美善事物，才可能将对美善事物的爱潜移默化地传递给学生，通过教育活动，让其感受到教育经历的愉悦和美好，引导其不断追寻善好的生活。这意味着要让学生受到良好的教育，教师首先要受教育。艾默生说："世上唯一有价值的东西是活跃的心灵。这是每个人都有权享有的。每个人自身都包含有这颗心灵，尽管多数人的心灵受到了滞塞，有些人的心灵还没有诞生。”① **保持活跃的心灵生活，可谓优秀教师的最重要的基础。**

优良教育的灵魂，在于学生内心中所激发出来的对美善事物的追求。堪称卓越的教师，其魅力就在于**在自我不断欲求着美好事物的同时，魔力般地把学生引向对美善事物的欲求之中。**

① 艾默生．美国心灵[M]．赵一凡，译．1998：9.

四

教学：让……学习

教学活动乃是学生和教师在一起的基本活动形式。学生之为学生的根本是向学的特性，教师的意义就是如何成就学生向学的生命，让学生爱学、会学，并且享受学习，也就是乐学。好的教学，不是简单的教书、教知识，而是教—学，教学生学习，把学生置于学习的情境之中，让学生学习，让学习成为学生置于当下情境之中的内在需要。课堂学习情境的焕发，学生自主学习意识与能力的激活，学生生命热情的点燃，就是让学生进入积极的学习状态之中，自我身心向着所学事物充分开放，自我显现为积极向上的生命姿态。

我们不是面对教案来教，不是面对考试来讲，我们是面对活生生的学生而教，是为了学生学习而教。**好的教学乃是让学生学，并从中获得美好事物的经历。**

何谓好的教学：美好事物的经历

我们每个人都经历过无数的教学体验，我们也许经历过让人心旷神怡的教学片段，这些经历构成我们对好的教学的记忆。

所谓好的教学，一定是置身其中的师生，尤其是学生能感觉到好的教学。能长久地留在一个人的记忆之中，并且在不断地回味之中依然能感到心底愉悦的教学片段，一定是好的教学。因为这种教学给人以美好事物的经历，触动人的生命。我们今天谈论何谓好的教学，并不是要给大家虚构一个什么是教学的理论范式，而是怎样凭借各自的教学记忆，显现出好的教学的基本范型。

我们来看这样一个片段：

1991 年深秋，夕阳斜照，在（香港）中文大学新亚书院青草地上，我和十多位一年级同学席地而坐，在助教杨国荣的带领下，上陈特先生的《哲学概论》导修课。那是我第一次在草地上上课。我们认真思考，热烈和应，发觉哲学很美妙。我从此走上哲学之路。[1]

香港中文大学[2]

这也是一个带给作者一生美好记忆的教学片段。我们来理性分析一下构成这个教学片段之为好的教学的“好”究竟何在。

（1）“深秋”“夕阳斜照”“青草地”“我和十多位一年级同学席地而坐”，这意味着闲暇、自由，与由此而来的师生的彼此亲熟（亲近而熟悉），这可谓好的教学的出发点与基础。

（2）“我们认真思考，热烈和应”，意味着教学过程中教师把学生真正带入了哲学思考的状态之中，让大家热衷思考的同时，也能积极和应。在教学过程中，教师想方设法，开启学生思维，可谓教学的关键所在。

---

① 周保松．走进生命的学问[M]．北京：生活·读书·新知三联书店，2012：4．

② 图片来源：image.baidu.com.

(3)“发觉哲学很美妙”，意味着教师的教学不仅是远离个人的哲学知识的授受与单纯的哲学思维训练，更重要的是把哲学的学习引到个体自身，促成个体美好的生命体验，个体获得的不仅是哲学知识，而且是哲学精神在个体生命之中的生长生成。教学中超越知识授受，让学生领悟学科精神，激活学生对更高事物的体验，可谓教学的灵魂所在。

(4)“我从此走上哲学之路”，意味着教学激活了个体对哲学学科的自觉与自主学习的热情。好的教学，其最终目的无非就是激活个体的自主学习，激发个体长久的学习兴趣。

这是作者大学一年级的哲学课，大学教育的初始阶段对整个大学生活而言非常重要，一旦一开始个人被调动良好的趣味，就可能激励、影响人的一生。每个阶段都如此。就完整个体发展而言，则意味着低龄阶段的教育其实非常重要，因为年少时期拥有美好的学校教育体验，这对于一个人一辈子的学习兴趣都是奠基性的。好的教学并不在于所授知识的多少，而在于让学生获得美好事物的经历。特别是在今天信息化的背景下，激活兴趣、学会学习，远比不停地学什么更重要。

教学其实是一个完整的包容着认知、情感、伦理价值等诸种体验的活动过程，这个完整过程的关键就是如何让师生双方进入教学情境之中，进入教—学彼此呼应的状态之中。好的教学以如何让学生自主学习与自我发展为中心，在三个层面展开：一是人与人的交往，也就是师生交往；二是人与知识世界的交往；三是人与自身的交往，也就是在教学中学生的自我发展与自主生成。从学生发展要素而言，一是情感的发展，二是思维的磨砺，三是生命的锻造。

这里特别值得一提的是，任何教学都是从人开始的，建基于人与人的生动交往。师生的亲熟唤起当下个体心灵的开放性，激励个体向着他人和世界的爱，以此为基础，激励思维，培育学科与知识之爱，对学科之爱的情感的唤起与学科思维能力的启迪，使得个体自主学习成为可能。在这里，**个体走上自主学习的真谛正是促进个体知识之爱与学会思考，也即智慧的结合。**好的教学无非就是以积极的师生交往把学生引入知识世界之中，激活他们的理智，使他们学会自主思考、学会学习，最终达到个体生命的自我促进与积极成长。简言之，**好的教学就是如何充分地让学生学习，让学生走上属于自己的学习之路、自我成长之路。**

关键问题是，让学生学，如何可能？

教学的基础：亲熟感与个体身心的进入

回顾我们所亲历的教学场景，好的教学一定是令个体身心惬意的教学，换言之，好的教学一定是我们直接地就觉得好的教学，也就是无需理性判断，我们的身体直觉所能体验到的好的教学。即使是小孩子，他们也一样能真实地感受到教学情境的好与不好，甚至可以说，他们在教学情境中的好与不好的感受直接地就是教学之好与不好的中心所在。好的教学对于学生而言总是有一种亲熟感，如沐春风，如沾化雨，自然地引导个体进入学习情境之中。好的教学总是以情感的认同为基础，以个人身心的融入为依据。

我们来看一个魏书生的教学故事。尽管我一直认为魏书生确实有他的局限，他的教育视野有些褊狭，但他确实有对教育的质朴的感受，以及基于这种感受的有效教育实践，他有他的绝活。这是他的第一堂公开课，全校教师都来听课，他选择基础差的班上课。

课前，他跟学生商量："魏老师要讲公开课了。"学生们说："别在我们班讲，到那个好班讲。"他问："为啥？"学生说：

"我们什么都不会。""不会才要学。"学生说："学也学不会，我们紧张。""上课又不是打仗，紧张什么。""上课是我们的弱项。""是弱，不弱咱能到这儿来嘛！千万别想向老师们展示咱们有多强，需要展示一个真实的状态：我们很弱、起点很低、成绩很差，但我们绝不自甘放弃，我们会从很低的起点上一点点朝前挪、一步步朝前走。展示循序渐进、不断向前的状态怎么样？"学生们说："那他们不嫌我们慢？""不嫌，咱们不是慢班嘛！"学生问："老师您讲什么课？""讲小说《最后一课》。""那咱们提前预习一下吧！"

"预习什么呢？"魏书生问学生。学生说："生字。""这课几个生字？""4 个。""4 个生字还记不住吗？""老师，这点事没问题，肯定给你记住。""还有什么？""生词。"魏书生又问："几个？""7 个，有点多。"学生答道。"那去掉一个。""还是有点多。""去掉 4 个，剩 3 个了怎么样？""3 个可以啦！"魏老师再问："还有什么？""还有文学常识，小说三要素……"大家都一一做了预习，信心百倍地准备好了。

上课的时候，老师们全来了，教室坐得密密麻麻的。"我往前面一站，学生们乐了，心领神会嘛！谁也不紧张。"魏书生开口问："咱们该学哪课书啦？""《最后一课》。"学生们响亮地回答。“《最后一课》的体裁是什么？”“小说。”“预习了吗？”“预习啦！”“预习什么？”“生字。”“几个？”“4个。”“谁会？”“全会！”“好，还有什么？”“生词。”“几个？”“3个。”“谁会？”“全会！”“还有什么？”“文学常识。”“怎么样？”“全会！”“真的假的啊？谁来说说？”学生们个个踊跃举手，课上得热火朝天、兴高采烈，老师们看得目瞪口呆。“这是咱们全校最差的一班学生吗？学生学习的积极性怎么这么高呢？真是难以想象啊！”①

魏书生用亲近闲聊的方式接受学生的学习水平，鼓励学生积极向上，让学生找到可以进入的方式（合理的路径）。在这里，魏书生的秘诀其实很简单，一是努力跟学生贴近，以积极沟通来消除学习的心理障碍，给学生以勇气，建立和学生之间的亲切联系，这跟他为人的本色相关；二是简化教学，降低教学难度，为学生的课堂思考寻找合适的切入口，让学生找到学习的起点和方法，让每个学生都能学。有了这两条，学生就能进入课堂。在这里，他的秘诀总括起来就是一条，即**如何让每个孩子都找到课堂学习的可能性，激励学习的兴趣，从而有效地让学生进入课堂之中。**好的教学就是

---

① 刘彩琴．魏书生的教育人生[J]．人民教育，2013(5)：49．

要激发学生的向学之心，不管学生的基础与条件如何。

站在学生的视角来分析，教学过程首先是舒缓个体各种不良情绪，使其带着积极情感进入课堂学习的过程，直白地说，就叫人的进入；其次是找到课堂学习的路径，也就是理智地进入。当然，我们重温魏书生的第一堂公开课，不难发现其中的局限所在，但他从贴近发展程度不高的学生入手，简化教学，把文本理解还原成字词与基本语文知识的组合，魏书生的教学实践模式可以说是适应了教育水平不高时代的教育实践模式。立足学生的接受能力，这是值得充分肯定的，但如何发掘学生的内在需求，激活每个学生都可能具备的对文本的感受力与表达、实践的能力？换言之，好的教学并不是一时性地让个体身心进入课堂之中，同时还需要激活学生内心之中更高的需求，由此而形成个体对学习的长久的爱与兴趣，究其实质而言，就是激活每个人自我成人的更高需求，以促成个体的自主发展。

显然，真正的教学，好的教学就是如何充分地唤起个体身心进入教学情境之中。要唤起个体充分地进入教学情境之中，使个体涌动学习的热情，就需要让教学贴近儿童、贴近生活、贴近生命。贴近儿童就是努力站在学生接受的立场，针对学生的特点，进行教学设计，避免教师的居高临下、主观臆断，消除师生之间的心理距离，引导学生尽快融入教学情境之中；贴近生活，就是多从儿童的生活实际出发，让儿童的生活实际更多地进入教学情境之中，让教学成为儿童生活的真实涌现，直接地促成学生在教学中的主动参与；贴近生命，就是教学必须充分地尊重学生此时此地的生命感受，激发学生的生命趣味，引导学生生命的整体融入，并通过教学活动的展开来成全生命，而不是把学生当成完成外在教学目标的工具。

一旦我们在教学中忽略了学生此时此刻的感受，我们的教学就远离了儿童，或者说就不是从儿童立场出发。如果我们一心关注的是预先设定的教学目标、考试或者其他的某些要求，沉浸于外在目标，尽快按部就班，完成任务，我们的教学就远离生活，教学过程就对儿童缺乏吸引力，缺少生活的趣味与魅力。由于我们更多地关心外在的目标，我们就无法倾心于此时此刻师生交流的深度与广度，就无法关注活在此时此地的师生生命本身。无法让教学首先成为当下师生生命因为教学情境的开启而彼此丰盈的活动，我们的教学也就是远离了生命，远离自我生命，也远离儿童生命。

教学的中心：让……学习与学会思维

学生有了进入学习情境的积极准备状态，这还只是教学的准备阶段，好的教学还需要引导个体思维的深入。让学生学会思维，可谓教学的中心。教学不仅是一个情感发展的过程，也是一个认识深化的过程。这意味着教学需要给学生搭建平台，搭建思维的桥梁，引导学生进入积极的思维过程之中。同时，在此过程中给予学生以必要的指导，帮助他们找到学习的方法与路径，使自主学习逐步成为可能。

1915 年，大数学家苏步青曾经特别好玩，刚上学时总是背榜生。转变他的人生轨迹的有好几位教师，特别是读中学二年级遇到的一位刚从东京留学归来的数学老师，叫杨霁朝。

他满腔热血，一身热情。第一堂课，老师没有马上讲数学题。“当今世界，弱肉强食。列强依仗船坚炮利，对我豆剖瓜分，肆意凌辱。中华民族王国灭种之危迫在眉睫！”他一口气讲到这里，在座的每一位同学都感受到救亡图存的责任。接着，杨老师把话引入正题：“要救国，就要振兴科学；

要发展实业，就要学好数学。”这堂课使我彻夜难眠，终生难忘。

我想，过去陈玉峰老师（小学五年级）教我好好读书，报答父母的培育之情，国文老师要我当文学家，历史老师要我当史学家，都没有跳出个人出息的小圈子。而今杨霁朝老师的数学课，却让我把个人的志向和国家的兴亡联系起来，我动心了，也仿佛感觉到自己懂事了一些。

以前，我并没有对数学产生多大的兴趣，尽管前两年的数学成绩也总是全班第一。我觉得文学、历史才有浩瀚的知识可学，而数学不免显得简单乏味。但是杨霁朝老师的数学课却能吸引我。那些枯燥乏味的数学公式、定理一经他讲解就变活了，那一步步的推理、演算、论证，就像一级级台阶，通往高深、奇妙的境界。杨老师还带领我们测量山高、计算田亩、设计房屋，这些生动活泼的形式在学生中间产生了极大反响。我在这些活动中干得最起劲，杨老师出了许多趣味数学题让我们竞赛，每次我都取得好名次。①

可以说，正是杨霁朝老师把苏步青领进了数学学习的大门。我们站在学生发展，也就是苏步青发展的视角来分析这

① 苏步青．神奇的符号[M]．长沙：湖南少年儿童出版社，1997：20—21．

个教与学的过程：

（1）杨老师从救国谈起，到振兴科学、学好数学，可谓学习志向的扩展与兴趣点的初步激发。这里我们还可以进一步分析，小学五年级的时候，因为前一任国文教师不信任寒酸而又倔强的苏步青，而使得苏步青不喜欢上国文课，陈玉峰老师偶然得知，就这样开导他："父亲从家里挑米来交学费，你年年背榜，怎么对得起省吃俭用的父母？别人看不起你，就因为你是背榜生。假如你不是背榜生呢？假如你考第一呢？谁会小看你？"[①] 显然，陈老师是从苏步青可以切身感受到的事物谈起，来唤起他的向学之心。初中的国文老师要他当文学家，历史老师要他当史学家，则是从他的学习现状中发现长处，他们的方式尽管没有跳出个人出息的圈子，但却具有较强的针对性，同样是教师激励学生向学之心的重要路径。而中学阶段，可谓一个人的世界观与人生观形成的关键时期，这个时候杨霁朝老师以天下兴亡来激励学生人格，拓展学生襟怀，无疑是促成苏步青转变的重要契机。

（2）良好的教学方式以及教学与生活的结合，乃是逐渐找到数学学习门径、数学学习兴趣深化并且不断从中获得数

① 苏步青．神奇的符号[M]．湖南：湖南少年儿童出版社，1997：14．

学学习乐趣的关键。

(3) 趣味数学题竞赛与成功感的获得，以及后面杨老师等对苏步青的特别关注，乃是其数学学习的长远志趣得以形成并逐渐走上数学研究道路的重要条件。

我们从这里可以得出旨在促成个人学习兴趣的教学的三个基本要素：一是多样教学，培养兴趣；二是开放教学，锻炼学生；三是搭建平台，体验成功。**教学的要旨就在于让学生进入学习的状态之中，好的教学就是如何激励学生的向学之心，让学生自己想学习，并且找到学习的方法，体验学习的乐趣。**向学之心需要激励，也需要切实的维护，包括学习兴趣的调动、学习方法的指导、学习成绩的肯定，逐渐把学生引向自主学习、自我发展的坦途。

2012 年辽宁省高考作文题很有意思。

材料作文：一个音乐家登台穿得非常朴素，有人问他为什么不穿得华丽些，他说人要隐没于音乐之后。根据以上材料写一篇作文。

音乐家登台，要展现的是音乐本身，而不是自己的时装秀，所以作为音乐家最充分地隐没于音乐之中，恰恰是对其音乐本身的最大成全。一旦音乐家的风采遮蔽了他的音乐本身，那么表面上成全了音乐家这个人的风采，但伤害的乃是他的音乐本身——所谓音乐家乃是凭借音乐说话的人，对音乐的伤害恰恰是对音乐家最根本性的伤害。

教学也是一样，教学的本质乃是让学生学。这意味着**教学活动真正成全的对象乃是学生，是学生进入学的世界之中，为学所召唤、激励、驱动，领悟学习的目的与方法，在学中获得自我生命的充实与愉悦。课堂本身的目的不是为了展示教师的才华横溢，恰恰相反，课堂需要教师必要的审慎与节制。**换言之，教师才华的展示都是为了顺着儿童潜能涌现的方向，是为了指向学生的发展。正如纪伯伦在散文诗集《先知》中写道："如果他确实智慧，他不仅邀请你进入他的智慧之屋，而且把你引向你自己的心智之门。"教师的实践智慧不仅仅是邀请学生进入你的智慧之屋，更是如何引领学生进入学生自己的心智之门。或者说进入教师的智慧之屋并非教学的目标，引向学生自己的心智之门才是教学的目标所在。好的教学催生学生的向学之心，导向学生的主动学习。好的教育导向学生的自我教育。

海德格尔把教育的过程定义为"对一个领域中本质的东西作出符合一致的反应"，从现象学的视角而言，教育的本质乃是培养个体对其周遭的环境作出变化的、更加精微的反应。与之相应，教育的目标旨在养成素养以及培养辨别与活动相关的意义的能力。由此，真正的教学不是信息的传递和交流，因为被告知事实是什么实际上阻碍了听者获得辨别能力、灵巧能力和鉴赏力，而只有这些能力才能使人们与本质的东西契合为一。因此，好的教学经常需要教师抵抗说出其所知道的东西的诱惑，因为那样会缩短了学习的过程，而恰恰是这一亲身体验学习的过程赋予了学生的意义感，使学生对什么是本质的东西有了感觉。海德格尔进一步解释说，教比学更难，因为教意味着“让—学习”(let-learn)。真正的教师除了学习本身以外一无所教。[①] **课堂教学的根本意义，就在于让学生进入教学所开启的复杂世界之中，去自主地获得辨别能力、灵巧能力、鉴赏力，获得自主行动的能力，这样的教学就是指向学生自我探究更宽广的事物的教学。教学的实质乃是让学生学习。**“在一个人的理论学习过程中，尽可能地涉足实用材料，着实是一个很好的理念。但即便如此，最重要的因素仍然是：活跃的头脑、领会问题并提出疑问的能力、方法的掌握。”[②] 教学的过程并不是一个让学生单纯学知识的过程，更重要的是让学生学会学习的过程，是如何让

① 马克·莱索．我们仍然需要面向思的教育：海德格尔论技术时代的教育[J]．蒋开君，译．教育学报，2011，7(1)：5—6．

② 雅斯贝尔斯．大学之理念[M]．邱立波，译．上海：上海人民出版社，2007：75．

学生会学的过程，或者说如何让学生敏于学习的过程。**教学的过程，究其实质而言，乃是培育积极的学习者的过程，培育积极地学习的人，而不是知识，才是教学的根本所在。**

教育的根本取向乃是人的自我教育，这意味着教育就其本意而言就是让……学习，就是想方设法给学生搭建平台、提供机会、启迪思考、激励心智。我们往往太急于教给学生什么，我们就难免在急切之中剥夺了学生自主思考的可能性。在日常生活中，大人对小孩过度呵护，实际上是剥夺了孩子自我学习、自我成长的可能性。譬如，让小孩在必要的摔倒中自己爬起来，这对于他们自己学会走路是很有帮助的。所谓儿孙自有儿孙福，每代人的幸福都要靠自己争取，不能代替，也无法代替，代替的结果必然是个体在自我发展中的迷失。

教学的灵魂：价值引导与生命的激励

教学以创设情境、唤起个体身心的进入为起点，以构建平台、磨砺学生思维为基本过程。如果仅此而已，教学依然缺少了点什么。好的教学还需要进一步上升到生命的激励，引导学习状态的升华，让学生体验到学习的生命价值，让学习变成学生自我生命成长的力量。好的教学乃是个体之情感、认识与价值生成相统一的过程。

泰山学院附属中学的孙明霞老师在讲脊椎的重要性时，讲到运动员桑兰的故事，特别选用了一张桑兰开心微笑的照片。脊椎受伤了，但一个人依然可以阳光灿烂地活着。孙明霞老师的教学总是在细微之中给学生以阳光。

孙明霞老师和学生

好的教学不仅是个人理智的充分发展，同时也内含着个人情感的激励与价值的孕育。换言之，任何教学都是，或者说应该是指向人的，指向个体成人的。个体健全成人，可谓一切教学活动的根本价值。正如夏丐尊所言：“现在普通教育中所列的科目，都是养成人的材料，不是教育之目的物，也不是学问。地理是从面的方面解释人生的，历史是从直的方面解释人生的，数学是锻炼人的头脑的，理科是说明人的周围及人与自然界之关系的，语言文字是了解人与人的思想的，体操是锻炼人的身体意志的，其他像手工业等，虽然似乎有点带着职业的色彩，但是在普通教育中，仍有注重陶冶品性的一面。总之，现在普通教育中所列的科目，除了以人为背景以外，是毫无意义的，若当作教育之目的物看，当作学问看，那就大错了。”①

这里所涉及的就是教学的教育性何以可能的问题。赫尔巴特提出教学的教育性问题。早期的赫尔巴特在《普通教育学》中断言，既不存在“无教学的教育”，也不存在“无教育的教学”，但后期的赫尔巴特这样说道：“但非一切教学都是教育性的，在这里有必要加以区别。例如，为了收益、为了生计或者出于业余爱好而学习，这时将不关心通过这种学习一个人会变好还是会变坏。不管他是怎么样的一个人，不管他的目的是好是坏，或不好不坏，只要他有学习这些或学习那些的意图，对于他来说，那种能准确地、迅速地和吸引人地教给他需要的技巧的教书匠便是一个合适的教师。”②

---

① 夏丏尊．夏丏尊教育名篇[M]．北京：教育科学出版社，2007.

② 赫尔巴特．赫尔巴特文集：教育学卷 第1卷[M]．李其龙，译．杭州：浙江教育出版社，2002：187.

德国哲学家、心理学家赫尔巴特

赫尔巴特（1776—1841）是19世纪德国哲学家、心理学家，科学教育学的奠基人。

现实中大量的教学不一定关注教育性，它只是关注效益而非教育本身，没有对更高事物的追求。**教育性的核心，或者说教学的教育性得以可能的依据，就是教学中开启的对更高事物的追求。**一旦我们的教学没有蕴含更高的目的，教学就成为了世俗化的行动，就很难向神圣事物保持开放，教学就成了简单的知识技能的授受。这样的教育很容易培养自我封闭的人，封闭在个人日常生活世界之中的人，看不到更高事物。今天，我们的社会表面上越来越开放，实际上却是越来越封闭，我们将越来越多地陷于同质化的危机中。好的教学不仅是有效的，更是有价值的。准确地说，好的教学之好，其根本就在其蕴含的价值的激励。

所谓的好乃是一种价值的蕴含，好的教学乃是蕴含着真、善、美的价值引领与激励的教学。我们前面已经谈到苏格拉底所代表的理想教育的要义：一是朋友式的交往以及对贤明的古人所著的书的共同研讨探索；一是对“好的事情”“好的东西”的发现。前者指涉日常生活形式，后者指涉对日常生活的超越。总而言之，在苏格拉底看来，真正的教育就是立足日常生活而发生的、对日常生活世界之上的美善事物的追求。

奥古斯丁曾说，人生就是转向上帝的过程。在奥古斯丁这里，教学意味着师生共同转向上帝，寻求与上帝的对话。我们不是基督徒，但奥古斯丁对教育的思考对我们颇有启发。**教育的过程不仅是当下师生彼此对话的过程，更是经由师生对话，唤起个体向着更高事物的开放性的过程，由此而扩展教学空间，激活教学价值。教学不仅需要师生向对方敞开，而且需要师生共同转向更高的事物，以激励个体对真、善、美的内在欲求。**一旦课堂教学沦为机械的知识技能与能力的训练，教学的价值空间就趋于锁闭，教学过程就不是为真、善、美等诸种价值充盈着的过程。教学价值的开放性，可谓教学过程开放性的根本之所在。

教学中的价值世界如何开启？我们需要考虑这一核心问

题，我们的课堂究竟面向什么而教？是面向教师所呈现的知识世界，还是把学生引向更广阔的生活世界？让学生探玄钩奇，启迪学生对世界的好奇心和无限的求知欲，而不是把学生引向僵化的现成知识储备，这乃是我们今日课堂教学的中心问题。一旦教师积极把学生引向对更宽广世界的探索，引向属于学生自己的想象世界，那么，课堂的结束不过是学生面对更广世界的好奇的开始，好的课堂的标准便不是以无问题告终，恰恰是以更多问题的唤起为标志。倡导课堂教学回归生活，走向生活世界，就是要在立足知识世界的基础上，拓展课堂教学的生活视野，在有限的课堂空间里唤起个人成人的无限欲求。

教学设计：
呈现方式的重要性

真正的教学就是进入教学之中，进入教学情境之中，进入教—学关系结构之中，而不是进入教学的知识结构之中。教学中的知识结构固然重要，但对知识结构的过于强调，会导致对个体生命的抑制。相对于个体生命成长而言，知识结构乃是末。康德在《1765—1766 年冬季学期课程安排的通告》中谈到教学的目标乃是学会思维：简言之，他（学生）不应当学习思想（Gedanke，此为德语），而应当学习思维（Denken，此为德语）；如果人们希望他将来应当学会自己走路，那就不应当背负他，而应当带领他。经历过学校传授的年轻人习惯于学习。此时他在想，他将学习哲学（Philosophie），但这是不可能的，因为他现在应当学习哲学思维（Philosophieren）。真正的教学乃是对生命的促进，生命向教学情境的开放这才是教学中真正的本体，有了本体，有了对知识的欲求，就有了个体教育发生的本体性依据，即个体生命之对知识的欲求状态本身，其后的学习就顺其自然。显然，**知识并非不重要，但作为教育活动而言，更重要的是如何建立知识与人之间的内在关系，个体充满活力地进入教学之中才是教育实践得以可能之本。**

学生不是被动灌输的接收容器，这句话似乎我们大家都懂，关键问题在哪里，则需要进一步的思考。要让学生超越被动的接收容器，就是要让他们找到课堂知识学习的意义，也就是打通课堂教学知识与学生个体之间的内在联系，让知识寄予个体以意义。不是我们认为这个知识重要，孩子们就应该认真听你的，而且马上学好；而是一定要找到，并且打通知识与孩子之间的生命联系。“小牛顿爱探索科普绘本”系列可以给我们提供启示。

以《春夏秋冬的秘密》为例：炎热的夏天里，兄弟三个被热天搞得很烦闷。看着三兄弟这个样子，爸爸决定帮帮他们，于是就给他们每人发了一个神奇的药丸，吃了它就能到任何自己喜欢去的季节。听到这个消息，三兄弟高兴极了，他们迫不及待地吞下药丸。他们分别去到了温暖的春天、凉爽的秋天和寒冷的冬天。在此过程中，对于四季的特点都有介绍，加上跟画面配合起来，让孩子容易理解接受。在这里，作者要给孩子们讲春夏秋冬，不是冷冰冰地将春夏秋冬的相关知识呈现出来，而是设置适合孩子们的情境，激活他们的想象，唤起他们学习知识的热情。这样就把关于春夏秋冬四季的知识，以故事的形式，转化成儿童可以参与其中的生动情境。

《小兔的白天和小獾的黑夜》也很有意思，该书所要介绍的是关于白天和黑夜二者会有什么不同，小兔和小獾自然就是白天和黑夜的代表了。小兔和小獾住在一栋房子里，但是他们很难碰面。小兔每天早上起床的时候，正是小獾要睡觉的时候；小兔早上去太阳幼儿园上学，小獾每天晚上去月亮幼儿园上学；小兔喜欢白天，小獾喜欢黑夜。小兔的白天是什么样子的？小獾的夜晚是什么样子的？为什么会有白天和黑夜呢？绘本故事情节简单，却生动有趣。绘本采用了对比的方式，按照时间顺序加以介绍，让孩子很容易理解同一时间小兔和小獾在做的不同工作。

故事以小兔、小獾每天唯一的一次见面为自然分割，开始介绍黑夜里的小兔和小獾，可谓设计巧妙。

故事后面设计了科学侦探秘密版块，讲述了白天和黑夜的形成。通过汇总小朋友最常提出的科学问题，解答关于白天、黑夜的疑问。

这里提示我们，教学非常重要的一个环节，就是材料的选择与问题的设计，也就是课堂的入门之路，或者说我们如何引领学生进入课堂情境的门槛，真正让学生乐学，有学习的欲望和动力，并且享受学习。有了好的教学主题，还需要好的呈现方式，让教学主题有合适的落地方式，能吸引学生、召唤学生。

你也许会认为，只有小孩子才需要这样的设计，大孩子或者成年人并不需要。所谓“人同此心，心同此理”，其实每个人都一样，换言之，每个人在接近新知识的过程中，都渴求知识的意义，期待通过相关教育教学活动，能真正让自己获益，达到身心的充实与愉悦。甚至，在一定意义上，年纪越大越需要教学的设计，年纪越小的孩子天然地就有好奇心，年纪越大，好奇心变小，反过来更需要教学的巧妙设计，以激活学习的热情。这意味着**任何教学活动都需要优良的设计，以开启积极进入个体心灵世界的通道，只不过，不同年龄阶段的个体，具体形式会有所不同。**

教学方法：
“教学有法，但无定法”

蒙文通教授

民国时，四川有个教授蒙文通，是大师。这个大师，有何才能呢？每次考试，蒙教授不是出题考学生，而是让学生出题考他。实际上这是考学生的学问深浅，只有学明白了，才能问出有水平的问题。而且蒙教授的考场，设在茶馆里，一旦学生出了有水平的考题，教授大喜，就请考生喝茶……

当然，我们今天读到这种考试方式，一定认为这是异想天开。但这其中确实可以给我们提供很多启示：一是世界上没有一种固定不变的教学方式，即使是考试，也是可以多种多样的；二是考试也是教学的重要组成部分，或者说考试其实也是一种教学的方式，而不单是教学结果的考核形式。当然，不管教学方式如何变化，万变不离其宗的是建立在师生生动交往之上的对学生的激励。

“教学有法，但无定法。”所谓定法，一是固定的方法，也就是常规的方法；二是先行确定的方法，也就是教案中先行设计的方法。这里的意思就是说教学有一定的方法可以遵循，但一旦进入教学情境之中，我们就应该忘掉先行确定的方法，我们不是为方法而教，而是为了教学活动本身。对于教师而言，最重要的是带着活跃的身心状态进入鲜活的教学情境之中，进入教学过程中师生的生动交往之中。家庭教育方式也是一样，父母站在孩子面前，绝不是想当然地就可以把自己的意愿加给孩子，而需要进入到与孩子的真实交流之中，理解他们的本性，关注他们的内在需求，恰切地引导他们。每一个教育情境都是鲜活的，不可复制的，可以说每一个教育情境都是唯一的，每一次上课、每一个教育行动，都需要我们坦诚、积极地去面对。

这是“教学有法，但无定法”的第一层含义，那就是**教学不能固守着某种单一的方法、模式，而要因人、因时、因地而变。**

我们再来看一下苏步青抗战时期的教学经历：

浙大师生西迁途中，时有敌机轰炸，我和大家挑着书籍、行李，跋涉于山水之间。一旦遇有敌机空袭，我们就躲进防空洞。我想学生用于学业的时间太少，对于他们成才不利，就找学校的领导和学生们商量，利用敌机轰炸的空隙，在庙宇和山洞内上课。获得校领导同意后，每到一个地方，我们的课堂就搬一个地方，如此接连办学，一直到贵州的湄潭。有一天，外面又传来敌机空隙的警报，我和 4 名学生躲进一个山洞。这个山洞，石壁上长着青苔，石缝里冒着水珠，顶上石笋倒悬，地上乱石成堆，不过因阳光的折射，洞里倒显得幽静而明亮。里面有两条板凳，是学生进洞时临时搬进来的。我对学生们说：“你们喜欢这里吗？我很喜欢，这里别有洞天。”几个同学听了都笑起来。他们分坐在两条板凳上，对这种新的教学环境感到新奇。我略微发挥地说：“以后这里就是我们的数学研究室。山洞虽小，但数学的天地是广阔的。大家要按照确定的研究方向读书，定期来这里报告、讨论……”①

这四位学生就是后来的中国科学院研究员张素诚、曾任杭州大学数学系主任的白正国、曾任郑州大学数学系主任的吴祖基、美国里海大学数学系主任熊全治。

山洞里的教学故事，既是苏步青和学生们教学热情的写照，同时也提示我们，教学最重要的事物，并不是外在的条件，而是师生积极而开阔的交流。山洞虽小，一旦其中所开启的数学天地广阔，并不妨碍其就是一间优秀的教室、一个堪称卓越的课堂。

“教学有法，但无定法”的另一层含义就是，教学的方法乃是多种多样的，但多样的方法中有某种不变的方法。教学无定法，但教学有定则，那就是，任何教学，或者说好的教学，都是以师生交往为中心，以人的活动为中心，而不是以物为中心。所谓“万变不离其宗”，**真正的教学，好的教学，总是建基于人与人之间质朴的交流。**各种外在条件的组合，都不过是为了如何有效促成师生的积极交流，促成师生

① 苏步青．神奇的符号[M]．长沙：湖南少年儿童出版社，1997：84．

共同的心智生活。

这里我们再讨论一下生命化课堂或生命化教学的内涵与意义。所谓生命化教学，无非是基于生命整体、指向生命整体的教学，是充分调动完整生命参与其中的教学。换言之，所谓生命教学无非就是让生命充分参与、从而让生命得到充分舒展，并由此而获得充实与快乐的教学。好的教学乃是个体身心充分唤起的教学，也就是能充分调动个体完整身心的参与，激活个体潜能，发展个体多元智力与多方面能力。这意味着教学需要充分利用各种身体官能，让感觉器官和思维器官同步运转，让基于身体的直觉、体验能力，与分析、判断等抽象思维能力一同得到发展，从而让个体作为完整身体存在，而不仅仅是作为思维着的器官而存在于教育情境之中。如果说抽象思维能力的发展可以通过按部就班的有序训练达成，那么直觉、体验能力的发展则显然是自主生成、不可控制的，这意味着教育教学需要给学生提供充分的自由，保持教育教学过程的开放性与灵活性。“教学过程与教学组织形式不仅要摆脱某种固定的、单一的模式，而且要去模式化，即教学的过程不是按照某种模式进行的过程，而是一个不断摆脱模式控制的过程。教师在这一过程中要努力避免随着经验的积累而形成固定化的思维定势和某种得心应手的教学样式。”正因为如此，“教师要使自己的教学永远处于去模式化状态，就要不断地进行新的尝试，不断地根据学生的情况转换新的角色。教师的去模式化教学对学生器官化工具开发具有直接意义，教师的教学只有处于去模式化状态，学生生命的各种器官化工具才有充分表达的机会，只有在学生生命的器官化工具充分表达的条件下，他们的生命之花才能绚丽多彩。”①

教学民主：何种民主与如何民主

民主是时代的主题，教学民主自是今日教学的必然要求。关键在于，何为教学民主？民主的中心乃是每个人都能体现自己的理性，彰显自我，发扬自我，积极成就自我。换言之，民主的灵魂就是让每个人成为自己的目的。教学民主的中心就是如何让每个人——教师和学生，都找到成就自我的方式，学生因为教师的引领而找到自己当下成长的最佳路径，教师

① 燕良轼．教学的生命视野[M]．长沙：湖南师范大学出版社，2010：135．

因为学生的积极成长而达成自我作为教师的最大实现。教学民主意味着师生必要的平等，教师站在学生面前不颐指气使，学生同样不自我封闭。这样，教学民主其实蕴含着双重内涵：一是教师的民主，一是学生的民主。这意味着**我们既要避免教师教学中的主观臆断与随意，同时也需要警惕学生的自我封闭与任性。**

1938年4月至1939年2月，著名国学大师马一浮先生应浙江大学校长竺可桢之邀，在该校讲学。文学院院长梅光迪在写给家人的信中描述了他主持马一浮讲座的情形。为了让马一浮讲座时比较舒服，他特意嘱咐当马一浮在讲课的时候，有一壶茶必须一直热着，并一直有专人为其倒茶。此外，还专门为他准备一把舒服的藤椅。为了让讲座可以在一个良好氛围中进行，梅光迪在做开场白时，特意为听众制定了一些看起来有些苛刻的规则。这些规则是：当马一浮先生进入教室的时候，所有听众必须起立，直到马一浮坐下为止。在讲座期间，他们不能制造任何噪音，甚至连咳嗽也不行，不然就要被立刻赶出教室。最后，当讲座结束时，听众必须再次站立起来，在原地目送马一浮离开教室直到他走出教室后，他们才可以离开。令梅光迪满意的是，他制定的这些多少有些苛刻的规则竟然都被完全遵守了。这固然与马一浮个人的渊博学识有关，但也与马一浮彼时崇高的威望和迷人的形象有关。梅光迪认为通过聆听这样大师的讲座，会让那些在新式教育下养成懒散作风的年轻人，形成一种新的精神体验。[①]

在梅光迪看来，这样的规则不仅仅是为了尊重马一浮先生，更是为了唤起年轻人对于学问的必要的温情与敬意。师生平等绝不意味着抹杀师生之间必要的差异。教学民主并不意味着放任、无所畏惧。教学民主的本义乃是凸显每个人在教学实践中的主体意识，充分发扬师生的理性精神，提升课堂境界。民主的核心乃是让每个人都理性作主。正因为如此，在教学中，我们需要反思的不仅是教师的专制，同样需要反思学生可能出现的专横与任性。

柏拉图在《理想国》中描述了这样的处境："教师害怕学生，迎合学生，学生反而藐视教师和保育员。普遍地年轻人充老资格，分庭抗礼，侃侃而谈，而老一辈的则顺着年轻人，说说笑笑，态度谦和，象青年人一样行事，担心被他们认为可恨可怕。"[②] 未经充分教化的儿童，一旦他们意识到，他们可以居于教育的中心，与教师分庭抗礼，直接导致的很可能

---

① 刘克敌."以古代对待大师的标准对待他"：竺可桢与梅光迪眼里的马一浮与柳诒徵[J]. 书屋，2012(6)：16—17.

② 柏拉图. 理想国[M]. 郭斌和，张竹明，译. 北京：商务印书馆，1996：340—341.

是他们“最擅长的身体愉悦”的彻底解放,[①]而并不一定是理性的生长。

好的教学需要某种敬畏之心的开启。这种敬畏当然不是对教师的敬畏,但如若没有必要的对教师的敬畏,心无所系,实际上会导致学生对课堂的无所敬畏。当然,对教师的敬畏不是目的,所谓“亲其师,信其道”,真正的目的在于通过对教师的必要的敬畏,唤起个体对教师所代表的更高知识境界的虔敬。必要的虔敬可谓知识学习的心理基础,一个人对某种知识心怀敬意,无疑可以极大地激励个体对这种知识的痴迷,这使得个体深入、持久而不辞劳苦地探究知识奥秘成为可能。

“如果说古代常常把‘好’的标准等同于‘古老’的,因此‘古’就是‘好’,而‘最古的’(上古、太古)就是‘最好的’,那么现代性则恰恰倒过来把‘好’的标准等同于就是‘新’,由此现代性的逻辑就是:新的就是好的,最新的就是最好的,因此青年必然胜于老年,而创新必然胜于守旧。在这样一种强劲‘历史观念’的推动下,现代性必然地具有一种不断由‘青年反对老年’、不断由今天反对昨天的性格、

① 布鲁姆. 巨人与侏儒:布鲁姆文集[M]. 北京:华夏出版社,2007:399.

从而现代性的本质必然地就是‘不断革命’。在这样一种万物皆流，一切俱变，事事只问新潮与否，人人标榜与时俱进的世界上，是否还有任何独立于这种流变的‘好坏’标准、‘对错’标准、‘善恶’标准、‘是非’标准、‘正义’与否的标准？还是善恶对错、是非好坏的标准都是随‘历史’而变从而反复无常？如果如此，人间是否还有任何弥足珍贵值得世人常存于心甚至千秋万代为人景仰的永恒之事、永恒之人、永恒之业？”①现代教育在造就个体的主体性人格的同时，也轻易地导致年轻一代人格发展中的自我封闭，在充分地彰显年轻人个性的同时，也导致“审慎”这一重要的古典德性的缺失。正如柏拉图在《礼法》中所提示的：“教育带来胜利，尽管胜利有时却导致教育的失败；因为许多人都由于战争中的胜利而变得更加傲慢，又通过这种傲慢而充满了数以万计的其他邪恶。”②

教学民主一旦流于形式，失去了民主本身所内含的更高目的，即民主内在的意蕴就是每个人以自身为目的，也即人是目的，而变成个人情绪的宣泄，这样的民主带来的就只能是个人的自我封闭。显然，真正的教学，好的教学绝非简单

---

① 斯特劳斯．自然权利与历史[M]．彭刚，译．北京：生活·读书·新知三联书店，2003：10．

② 程志敏．宫墙之门：柏拉图政治哲学发凡[M]．北京：华夏出版社，2005：52．

地否定权威，而是否定那种贬抑学生人格、打压学生主体意识的外在权威。**内心保持对权威的必要的敬畏，并把这种敬畏转化成个体对更高知识的欲求，由此而将权威辩证地转化成个体自主性的生长，这正是优良教育的基本品质。**

小结 教学作为双向的活动：走向教学相长

教学不仅是一种技术，更是一种艺术。**教学不仅是一种工作，更是人与人的交往。教学的艺术其实就是我们跟孩子如何更好地、更充分地走在一起的艺术。**任何教学，或者说好的教学，都是以师生交往为中心，以人的活动为中心，而不是以物为中心。所谓“万变不离其宗”，真正的教学、好的教学，总是建基于人与人之间质朴的交流的。各种外在条件的组合，都不过是为了如何有效促成师生的积极交流，促成师生共同的心智生活。真正的教学即进入教学之中，师生共同卷入教学的事物之中。好的教育，意味着师生个体身心的充分唤醒、激励、鼓舞，以及由此而来的身心的愉悦、充实、优雅。

要让学生进入教学情境之中，首先需要教师自身的全身心投入。朱光潜的学生，后移居台湾的学者齐邦媛，写有回忆录《巨流河》，其中用不少篇幅记录了她在武汉大学听朱光潜英诗课的经历。她回忆："有一天课堂上，朱光潜教华兹华斯的长诗《玛格丽特的悲苦》，该诗写一妇女有独子外出谋生，七年无音讯，诗人隔着沼泽，每夜听见她呼唤儿子的名字，朱光潜读到'天上的鸟儿有翅膀……链紧我们的是大地和海洋'时，说中国古诗中有相似的谢朓名句'风云有鸟路，江汉限无梁'，读到此竟然语带哽咽，念到最后两行：If any chance to have a sigh，They pity me，and not my grief。（若有人为我叹息，他们怜悯的是我，不是我的悲苦。）朱光潜取下了眼镜，眼泪流下双颊，突然把书阖上，快步走出教室，留下满室愕然……"齐邦媛还记下了朱光潜教雪莱《西风颂》的情境：平时教课严肃，很少手势的朱光潜，此时却以手大力地挥拂、横扫……引领学生想象西风怒吼的意向。齐邦媛认为，这是她第一次真正看到了西方诗歌中的意象，一生受用不尽。[①]这两段描述，可谓充分地体现了朱光潜作为教师的教学真谛所在，那就是自我真情的、全身心的投入，并自

① 王攸欣．朱光潜传[M]．北京：人民出版社，2011：245—246．

然地转化成多样化的教学手段。

第斯多惠这样说："如何使教学有兴趣、我们回答说：(1) 借助于多样性，(2) 教师的生动活泼，(3) 一般地说，教师的整个人格。""要努力以自己的整个人格来使教学有兴趣！"[①] 在这里，第斯多惠可谓准确地表达了教学艺术的由来，换言之，教学的多样性、教师的生动活泼、教学的兴趣，都有赖于教师的完整人格。教师人格的真诚投入以及建立于其上的具有针对性的灵活多样的方法，构成了好的教学的基础。**好的教学触动人的生命。唯有教师自身生命的整体融入，真切地感受、回应课堂的冷暖，才能激励、唤醒学生的生命，感动人的灵魂。**这意味着教学过程不仅是历练学生思维、情感、态度、价值观的过程，同时而且首先是历练教师自身人格的过程。

真正的教学即师生共同进入教学之中，师生共同卷入教学的事物之中，为教学中的事物所吸引，师生彼此开放，共同追求，教学由此而彼此相长。唯有如此，教学才会在师生心智的共同投入中富于创造性和不断生成。好的教学成就的不仅是学生，也是教师自身。学生在教学中学会学习，思维

① 张焕庭．西方资产阶级教育论著选[M]．北京：人民教育出版社，1979：386—387.

得到启迪，心灵被点燃，生命得到孕育；教师在教学中学会如何与学生一起成长，获得自我人格的激励，见证学生的发展，更重要的是，在教学中的每一刻，擦亮属于教师自己的教育人生！

进入教学情境之中，即师生为教学情境所引导，为教学情境之中的更高事物所引导。这意味着教师的教学实践，最根本的任务乃是如何有效地激起学生对于更高事物的追求。教学不是现成知识的简单授受，教学必须通往更高事物。人生就是朝圣之旅，日常生活之中潜藏着更高事物的踪迹。好的教学需要基于个体内心的某种神圣品质的开启，这种敬畏一方面来自生命自身的复杂性，一方面来自生命之上的更高事物。好的教学需要唤起师生内心深处的某种敬畏之情。人不能拧着自己的头发把自己从地上拔起来，缺少了向更高事物的开放性，个体成长便难免成为走向封闭、自满的自我，而无法保持个体向着世界的真正的开放性，深度的教育也几无可能。

《论语·八佾》云："祭如在，祭神如神在。"把上课、教书看作比天还大的事，就是在教书时怀有一份敬畏之心和神圣之感。这种敬畏主要表现在三个方面：首先是对生命成长的敬畏。只有对学生生命成长保持一份敬畏之心，我们才能在教学中表现出足够的审慎，更多地倾听学生的声音，切实地理解他们的内在需求。其次是对知识的敬畏。只有对知识世界心存敬畏，我们才会小心翼翼，探玄钩奇，去领略知识的魅力。第三是对无限和未知世界的敬畏。任何知识的教学都是极其有限的，只有对未知和无限保持敬畏之心，我们才能保持开放性，免于教学中的武断。

唯有当我们以敬畏之心和神圣之感站在讲台上，把自己和学生置身于一个蕴含着神圣的场域之中，教学才能抵达师生的灵魂。教学就其表面形式来看，不过是习俗生活中普通的交往事件，但是教学活动变成了一种从个体心灵出发，抵达人类心灵的活动，教学就变成了一种超越日常生活，而具有某种神圣价值意味的事件。真正的教学不能降格为技术层面。真正的教学是教师和学生在场的生命的互动，不是遥控的技术。离开了这一点，它就与市场之中的买卖交易活动没有什么区别。

若是缺少了敬畏之心，课堂就成了单纯的知识训练，学校就成了知识训练的效率工厂。一旦教学活动变成了纯然世俗世界的活动形式，那么，对于教师而言，多上一节课、少上一节课无关紧要。甚至，遥控式的教学也在情理之中。若是把教学置于更高事物的观照之中，那么，我们就会珍惜每一节课，珍惜与学生相处的每一刻。调皮的学生，或学生的调皮，都会成为激发教师教育潜能、教育之爱与智慧的对象。唯有当教师触及一个人的灵魂，才有可能改变一个人或让人有所启发。正因为真正的教学内含着某种敬畏之心和神圣之感，每一堂课、每一次与学生的相遇，都是对教师生命的历练。

人的教育总是人在场的教育，教学因为人的在场而富于意味。"'教学'（instruction——作者加）是一个比教授（teaching）更加少人情味、更少主观性的术语。它使我们从教育中的人的感情因素转移开去。我们可以说，计算机教学（computers instruct），而人教授（people teach）。"[①]我们谈论的教学（teaching）恰恰是富于人情味的教学活动。**真正的教育学，实践着的教育学，就存在于我们跟孩子们在一起的生动交往中，存在于我们与孩子们在一起的方式之中。和孩子们一起共同进入教学情境之中，一起观察、思考、好奇、发问、分享、开心、陶醉，这就是教学的要义所在。**

---

① 马克斯·范梅南. 教学机智：教育智慧的意蕴[M]. 北京：教育科学出版社，2001：40.

五

学校：从学园到家园

我们读书长大，都离不开学校。什么是学校，这还是一个问题？一块空地，如果有人经常在那里运动，它就成了运动场。几间屋舍，有一群儿童在那里生龙活虎地成长，那里就成了学校。可见，学校之为学校，正是因为教师、学生的共同生活与生动交往，以及由此而来的一拨拨生命的成长。

学校是安顿师生、彰显生命、激扬青春、提升生命的场域。学校应该富于文化与生命的双重意味，方能启迪人格、孕育精神。

学校空间：人味与文味的融合

我们来看这样一段描述：

暮春四月，一个下弦月的夜晚，一群中学生围坐在学校的荷花池前，他们歌唱、轻语。坐在最高一层石阶上的一位女教员，突然被这夜的静谧和烂漫的歌声感染了，她回过头来，对一位来自家乡的学生说:“在这里求学真是幸福啊！”①

她叫石评梅，是这里的女子部主任、国文兼体育教员，知名的才女。他呢，是李健吾。这所学校叫北京师范大学附属中学。时间是20世纪20年代。

创立于1901年的北京师范大学附属中学②

在这段描述中，值得我们仔细咀嚼的地方大致有三个方面：一是环境，包括时间:“暮春四月”“下弦月的夜晚”，地点：“学校的荷花池”“石阶”。二是人物，一群中学生、女教员、一位来自家乡的学生。三是活动，“围坐”“歌唱、轻语”“感

① 傅国涌．过去的中学：人生最关键阶段的教育和学习[M]．武汉：长江文艺出版社，2006：147.

② 图片来源：北京师范大学附属中学网站。

染”，赞叹。

学生们围坐在一起，自由地歌唱，随意地轻语，充满着青春的浪漫气息。学生们之所以能表现出这样的曼妙姿态，当然跟背后教师的教育方式有关系。不仅如此，学生们的浪漫气息感染了随意坐在石阶上的石评梅，学生反过来影响了作为教师的石评梅的心绪，她又紧接着把这种感受传递给来这里读书的她的同乡李健吾，激励他更好地进入这所学校所呈现出来的教育魅力之中。这其中，师生表现出来一种积极向上、充满青春气息的生命状态。很显然，这里包含着师生的积极互动和相互促进，所谓“教学相长”，就这样真实地发生在学校生活之中。

我们再把三者结合起来，仔细分析：这段话的核心当然是师生充满生命气息的活动。暮春四月、下弦月的夜晚，这是活动的时间背景；学校的荷花池、石阶，这是活动的空间背景。暮春四月，下弦月的夜晚，学生们围坐在一起，这意味着学校教育给予学生足够的闲暇与自由，一旦他们为明天的考试忧愁，是很难有此时此刻的曼妙歌唱的。学校的荷花池、石阶，意味着学校的物理空间的闲适，故能经常吸引师生到那里小坐。再看人物，学生是一群，这其中显现出年轻人的生活理想，年轻人聚集在一起，自由交流，本身就是一种教育。另一个人物是教师，学生在旁边歌唱、轻语，教师就静静地坐在石阶上，欣赏夜色，也欣赏着学生们的曼妙青春，这其中所蕴含的，一是师生平等，在这个地方，教师、学生都可以随意坐到这里，不分彼此；二是教师优雅的情趣与开放的心态，教师也没有忙于去设计试卷，而是懂得欣赏夜色，也欣赏学生。与此同时，教师对一位来自家乡的学生说“在这里求学真是幸福啊”，短短一句话，不仅把石评梅对此情此景的感叹充分表达了出来，实际上也传达出她深谙学校教育的真谛，并且会心于她所在的学校。这也反过来成为那群学生在暮春四月下弦月的夜晚，享受着曼妙青春的重要原因，正是因为有了像石评梅这样优秀的教师，才会有优雅地成长的青年学生。

正如卞之琳的《断章》所写：“你站在桥上看风景，看风景的人在楼上看你。明月装饰了你的窗子，你装饰了别人的梦。”师生共在校园之中，彼此成为对方的风景，大家共同构成学校文化精神的一部分，确切地说，这是学校文化的中心。文化的根本在于人，在于人的活动。**学校文化的根本就在于师生卓越的心智生活，在于师生在学校场域中显现出来的对美好事物的积极欲求。在优雅的学校物理空间之中积极的师生生活，这就是美好的校园生活的要义**

所在。年轻人在一起自由地交流本身就是一种教育，好的学校就是给年轻人自由的交流提供空间，引导年轻人蓬勃向上的生命状态。

好的学校教育一定是此时此地的师生能真切地感受到好的教育，好的学校教育不仅仅指向未来，而一定首先指向当下，指向此时此刻的孩子们和老师的生命状态的优美向上、积极向上。**学校是师生共同过心智生活的场所，优雅的物理空间为师生卓越心智生活提供背景与基础，在学校场域之中，人与环境的积极互动就构成了校园之魅，构成了学校生活之魅。**

如果说学校教育的根本目的乃是个体成人，那么学校空间就是个体成人的基本场域。学校何以成为个体成人的基础性场域？或者说学校何以成为激励个体成人的场域？任何教育都是个体生命与文化之间的互动，换言之，教育总是在个体生命与文化教化之间展开，是以文化来成就个体生命的活动。这意味着生命与文化乃是学校之为学校的两大根本主题，人和文构成学校之为学校的两大核心主题。

学校作为花园：孕育学校物理空间之魅

走进一所学校，直接感受到的是它的物理空间氛围。所谓“校园”，说的是学校乃是一个“园”，是一个“花园”“园地”。这个“花园”“园地”，既保持着与周遭世界的接壤，又保持着与周遭环境的不同，让人走进去就能感受到其中的独特性。**学校因为其作为“园地”“花园”的存在，而给师生提供了丰富的想象学习生活的空间，让个体在学校的学习生活富于意义，而不是沦为学习工厂里的加工产品。这或许是学校作为校园的根本意义之所在。**一旦学校过于暴露在社会之中，学校生活的意义就大大弱化。哈里森在论及花园时这样写道，人性有一种根本性的渴望，那就是“让现实升华，替它披上幻景的霓裳，从而让我们的现实经验重归灵性”。① 孕育学校空间之魅，其实就是保护、孕育个体发展的灵性。学校作为一个“花园”，就是一个独特的意义空间，滋润着师生生命的共同成长。

① 哈里森．花园：谈人之为人[M]．苏薇星，译．北京：生活·读书·新知三联书店，2011：41.

普林斯顿校园一角[①]

问题在于，学校如何成为一个“园”，成为一个“花园”？

1．学校物理空间之要义

我们来看这一段关于北京大学燕园的描述：

不知道什么时候起，人们以“一塔湖图（一塌糊涂）”来概括北京大学的风景，语虽诙谐，却也恰切。围绕着未名湖、博雅塔和图书馆，燕园里产生了很多美好的传说，也涌现出了很多的解释。有人说，博雅塔是一支硕大的神来之笔，而未名湖则是一方来自天池的巨砚，饱蘸未名之墨，书写了北大的辉煌历史，而图书馆则正好是北大百年历史的最好见证者和保存者，等等。这样的传说和神话实在是举不胜举。[②]

① 图片来源：www. zgxclywmh. com.

② 肖东发，李云，沈弘．风骨：从京师大学堂到老北大[M]．北京：北京图书馆出版社，2003：序言第1页．

北京大学未名湖①

这一段描述清楚地表明北京大学作为一所学校，其蕴含着文化意味的物理空间之构成要件：

博雅塔代表着学校建筑的文化意味。“古朴端庄的博雅塔，原是为解决校园供水问题而建造的水塔，模仿通州古燃灯塔样式，简洁朴素，卓然耸立。”“把与我们生存相关的最基本的现实需求化作一种超然的美，而且名之博雅——广博优雅，这一现实，焉能不发人深思？”这里典型地体现了怎样化实用型的建筑为富于想象的文化符号，其中的路径包括：建筑本身的设计，也就是建筑自身的优雅设计与建筑工艺；建筑的合理位置，也就是建筑与周遭环境的关系，一栋建筑总是和它的环境连为一个整体；建筑的命名，恰切的名字能够深化建筑的内涵，提升建筑的文化意味。

① 图片来源：www. 985u. baike. com.

未名湖代表着自然景观的文化意味。“湖光潋滟的未名湖，曾是前清淑春园的所在地，石舫横卧，石鱼翻尾，垂柳环湖，美不胜收。蜿蜒曲折的小径旁，常有琅琅书声；碧波掩映的小岛，宛若嵌于湖心的珍珠。立足湖畔放眼望去，东观博雅塔影，西对钟亭落霞，南眺林木葱郁，北望层楼掩映，游目驰怀，平添多少书生意气。”这里可谓自然景观人文化的典范。

图书馆则代表着学校专门文化场所独特的文化意味。“百年来，图书馆曾留下多少名人学者的步履，闪耀过多少思想的灵光。前辈圣贤睿智思维的结晶。数千年来人类文明进步的成果，都物化为文献典籍，收藏在这‘百年书城’里。一部部传世力作，一项项科研成果，一位位旷世大师的著述，一批批学子才华纵横的论文，一代代师生像蜜蜂酿蜜一样，把心血和智慧化作书籍聚入册府，薪火相传，再向后辈学子们播撒光明。”图书馆既是知识与文化的象征，也是学生殷勤向学的重要场所。图书馆在学生心中的位置理当重要。

人们对“一塔湖图”的各种解释，除开人们寄予北大的某种魅惑力，同样来自“一塔湖图”本身给予人们的无限想象。正如梁思成所言，优美的建筑，有心，“性灵”“神态”；有物，“材料”“结构”；有景，“燃灯塔”；有情，激发人的“感慨”。作为**建筑景观、自然景观和文化活动景观三合一的“一塔湖图”，无疑构成了具有浓郁魅力的、激励人们无限想象的文化场域。**“一塔湖图”作为建筑空间之美，它是形式之美、精神之美和人文之美的合一。

2．让建筑说话：超越学校建筑的实用性

校园作为一个“园”，就是一个富于文化魅力的意义空间，滋润着师生生命的共同成长。“学校建设的基本理念就是依据学校的基本功能，在确保建设科学、规范、实用、安全、节约的前提下，努力使学校建设的建筑符号读译成学校文化符号。使学校每一栋建筑，每一处景观都带上浓厚的文化色彩，都形成丰富的教育故事。”[1] **让建筑、布局、园艺说话，曲折回廊、柳暗花明，就是让我们生存的物质空间说话，显现其精神的意义，让学校超越单一物理性空间的存在，而上升为意义丰盈的、滋养学生生命的家园。**

夏丏尊先生任教浙江上虞春晖中学时，把自己住的平房命名为“平屋”，别有一番趣味。“平屋”即夏丏尊故居，是春晖开校时即任教的夏丏尊于1923年建造的住宅，在校门外象山脚下，小园内平房七间，靠山面水，园内花草点缀。

① 范秋明．以人为本，将学校建筑符号演绎成文化和艺术符号：关于学校建设的思考[J]中外建筑，2009(5)：58.

取名“平屋”,不仅因为是平房,且寄寓“平凡”之意。在“平屋”小小的书房里，夏先生写下许多散文，后集于《平屋之辑》中，并翻译了亚米契斯的名著《爱的教育》。

春晖中学夏丏尊故居：平屋①

从一所房子的命名，到一所学校的命名，都是一件卓有意义的教育事件。长沙市的几所老的中学，名字都很好听，譬如明德中学、明宪中学、周南中学。一旦这些学校都变成数字化的命名，学校自身的文化血脉其实就自行中断了。正如诗人海子在其名篇《面朝大海 春暖花开》中所写的，“给每一条河每一座山取一个温暖的名字”，一个温暖的名字，温暖的并不是河流和高山，而是我们自己，是我们日常生命空间的温暖。这里所谈论的实际上是一种文化立场的命名，也就是以话语开启空间，在建筑空间的命名中寄予物理空间

① 图片来源：春晖中学校园网。

以文化的意义，扩展学校空间的想象，以超越目前学校空间命名的功能主义方式，也就是仅仅出于管理效能来命名，直接地冠以“第一中学”“一教学楼”“学生三舍”的命名方式，这种命名昭示着学校空间的平庸化。

四川成都有名的宽窄巷子，许多店铺不仅布置得十分精致，而且有一个很隽永的名字，譬如一家卖刺绣的店铺，名叫“一针一线”。这些好的店名，其特点就是善于用简单而又富于张力的语词来抓住人,启迪人。学校空间同样如此，我们需要敏锐地把学校场域中的积极因素引出来，寻求任何场域中诸种力量的和解，让场域活跃而充满积极的力量，以培育积极的校园生活。命名就是让冷冰冰的物理建筑空间，以话语的形式进入师生生活世界之中，在语言中开启人们对物理空间的文化想象。**给建筑命名，给大地上的一切存在物命名，其实就是给我们存在的空间命名，就是在建构我们生存的精神空间。**命名的高度，其实就是我们存在的高度。

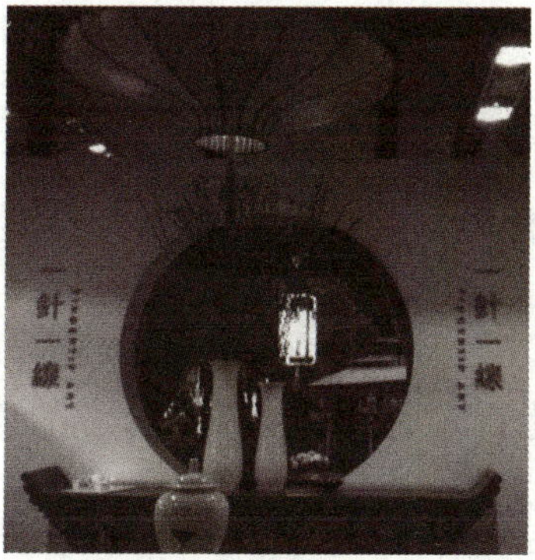

四川成都宽窄巷子里名叫“一针一线”的店

我有一次参加北京师范大学教育学院的会议，喝茶时偶然读到纸杯上隋代一首无名氏的《送别诗》：“杨柳青青着地垂，杨花漫漫搅天飞。柳条折尽花飞尽，借问行人归不归？”为其中归不归的问题触动，马上联想到我们置身现代性中的困境，我们同样面临着向着现代性的出发之地回归与否的问题。后来我把这首诗引用在我的书稿中，并补充发挥到：“是的，也许我们已逐渐地靠近‘柳条折尽花飞尽’的时候了，此时此刻，我们每个人都需要决断，置身现代性之中，归，还是不归？这是一个问题。”

一只纸杯，其使用性功能乃是供喝水之用。但人们在喝水之时，总会有片刻闲暇。在纸杯上印一首精美的诗歌，无疑可以让有缘的喝水者会心一读。即使是缺少诗歌阅读兴趣的，也会对纸杯的设计多看上一眼，由此而超越喝水的功能。

显然，一只纸杯，因为增加了一首诗歌的点缀而扩展了自己的功能，让人们在喝水之时也不只是作为喝水者，同时作为文化与美的欣赏者而存在。如果说喝水乃是生理性的基于生存紧迫的行为，那么诗歌欣赏则是文化性的、超越生存紧迫性之上的审美冲动的激活，是更富于人性的行动。学校空间中包含着同样的道理。学生个体置身于学校空间中，无法逃避的学业压力、个体成长中遭遇的各种困惑，直接地构成个体在学校生存空间中的紧迫感。怎样缓解这种紧迫感，唤起个体人性更高的欲求，换言之，激活个体更富人性的行动，无疑构成优良学校教育的基础。

我们的中学，特别是临近高考的高级中学，走进校园总是能让人感受到几乎窒息的迎考气息，教室里是不断的考试讲评，广播时不时地传输有关高考的话语，走廊上是往年热烈祝贺某某同学考上什么大学的横幅。在这种无所不在的应试氛围之中，孩子们的学校生活必然是蹇促的、被挤压的，不知不觉就成了应试的肉体。当然，不止是高级中学，学校教育作为个体社会化的场域，总难免有规训的意味，但我们可以让校园尽可能地柔化与美化，丰富校园生活，润泽学生生命。

学校作为生命精神的启迪，学校物质空间的精神意义至关重要。"'自然'永远是美丽的，而人工的建筑往往反是。

因为建筑不同于绘画，它自始无意于模拟自然。建筑的原始不过是石、砖、三合土的堆砌，所以供人遮蔽风雨。它的第一纲领，在乎效用，虽至今日，此旨不变。因是那些不调和的现代建筑：工厂、学校、戏院、邮政局、火车站，和那些直线的街道，它们的丑恶，沉闷，使人往往感觉到有逃往乡村的必要。因为自然与人工之最大差别为自然的无限丰富与吾们的机巧之极端有限。”① **建筑就其使用性而言，首先关乎效用。但建筑的形式，则关乎人在自然中的生存样式。**这意味着学校建筑首先需要考虑跟周遭自然环境的协调问题。不仅如此，学校是一个个体走向社会化的规训场所，换言之，学校就其本意而言，就是远离个人自然天性的。学校、军营、监狱，可谓现代社会最具规训化的三个场域。这意味着学校建筑空间恰恰需要反过来弥合、抚慰个体自然天性与学校教育规训化之间的裂缝，缓解个体进入学校强规训场域的紧张与不适，而不是强化这种规训意识，动辄以单调的口号、机械的线条充斥学校空间。

学校空间的柔化与美化，也包括学校内在空间的柔化与美化。以儿童发展为本，以活泼健康的文化趣味为内容，进

---

① 林语堂. 吾国与吾民[M]. 北京：中国戏剧出版社，1991：289.

行室内活动空间的设计。这里的原则无非是两个：一是审美化，二是儿童化。综合起来就是以适合儿童的方式，予以美的渗透，扩展儿童在学校空间中的自由陶冶，譬如恰当的艺术作品布置。合宜的绘画、雕塑等艺术作品成为人与周遭物质环境之间的桥梁，促成人之居住空间的审美化与柔化，避免物质环境对人的生存的挤压，唤起个体的审美性生存。

学校环境呈现出来的意义的多样性与丰富性，激活我们的多重感官，由此而激活我们对周遭事物的多重感知，周遭环境的多义性转化成个体生存意义的多样性。保持学校空间的必要迷魅，这是学校空间想象力的基本源泉，给置身其中的师生个体以丰富的想象的可能性，孕育学校生活的意义。

3．自然的人文化与人文的自然化：学校空间之魅的两种路径

学校物理空间文化孕育的路径无非是两个方面，一是自然的人文化，也就是自然景观显现出育人的意义；二是人文的自然化，也就是人文设计景观充分地融入学校空间，与自然合一，不露痕迹。

（1）自然的在场及其人文意义的显现

所谓**自然的人文化，就是让学校的自然空间显示出人文**

的蕴含，让自然本身说话。一棵大树、一座老房子，都足以唤起学生个体的想象力。

金耀基笔下的三一学院之剑桥后园如下："走出尼维尔庭，便是著名的剑桥后园，在春风里，这里是彻上彻下的绿的窑洞。绿的水、绿的草、绿的树。在浓的绿，淡的绿里，水仙才黄得耀眼，郁金香才红得夺目。剑桥后园的景色是自然的，也是人文的，每一幕景色都那样脱俗而有天趣，但每一颗小草，每一颗老树，莫不经过人工的经营，而小桥、流水、垂柳、钟声及一行行的菩提树都已在丁尼生、柯立基、伍尔华茨、徐志摩的诗句里永恒了。"①

自然景色之所以是人文的，主要是两个方面，一是自然中蕴含着人为，而人为恰恰不露痕迹，自然中见出人为所设计的意味，但又不背离自然，自然与人为充分融合；二是自然在历史中融入了人的痕迹，并以文化的方式保留、传递开来。这就是后面所说的保留在丁尼生等人的诗句里了。理想的学校不仅是实体性的，更是精神性的，是寄托在学校实体之上的精神性的存在。唯其如此，学校才能包容人，激励人，启迪人，润泽人心，滋养生命。

---

① 金耀基．剑桥与海德堡：欧游语丝[M]．沈阳：辽宁教育出版社，1995：63.

这里特别谈谈大树之于学校的意义。“十年树木，百年树人”。木与人有着某种奇妙的连接。大树象征着旺盛的自然生命力，校园有大树，意味着校园里涌动着强旺的自然生命力。大树作为自然的部分，其四季变化，足以激发学生对自然的思考。不仅如此，大树的在场，可以潜移默化地唤起个体对自然的敬畏。大树的在场，实际上是给学生的理解提供了自然的背景，可以扩展学生之教育理解的意义空间。

北京师范大学附属中学的老树①

大树意味着自然在学校教育情境中的在场化，人的活动置于自然的庇佑之中。大树作为自然的在场化，同样意味着自然对儿童生命成长的呵护，避免儿童生活的过于暴露。如

① 图片来源：北京师范大学附属中学网站。

果说学校教育意味着个体生命的社会化，或者叫格式化，那么个体在格式化的过程中难免出现不适应和紧张感。校园生活中大树的延展，作为对儿童个体的若隐若现的呵护，实际上有着某种缓解个体置身校园生活中的紧张感的作用。**学校教育原本就具有必要的规范性，学校教育总会给个体某种压力，大树的存在可以柔化学校作为规范化存在的功能，无形之中，给孩子们以精神的呵护。**置身天地之间，人的生命总是脆弱的，大树则会给人以某种庇护。

不仅如此，大树的生长需要较长的时间，校园里有大树，意味着学校有历史，而且学校在变迁的过程中懂得尊重学校自身的历史积淀。由此，大树意味着对学校的双重呵护：一是大树之树荫对学校师生的自然呵护，二是大树所代表的学校历史对学校师生的历时性呵护。由此，校园大树给学校以自然与历史的双重迷魅，避免师生暴露在社会的强光之下。同时，大树强旺的生命力潜移默化地引领着师生生命的积极向上，蓬勃生长。

(2) 人文的自然化，也就是人文景观设计的自然化

所谓人文的自然化，乃是把人文的内容以自然的形式表达出来，也就是让人文内容贴近学校自然环境，从而达到人文渗透的不露痕迹，巧夺天工。

长沙市老明德中学建有楚辞亭，上述对联“十步之内芳草，六经以外文章”，由晚清名士王闿运题。名士的风韵、雅致的亭子、精美的对联组合而成的亭台，可谓中国文化的重要载体。这首对联所蕴含的教育理念正是人文与自然的合一，不知不觉地滋润着亲近它的青年学生，引导他们从周遭自然之中去发现、接近自然。同时要学生视野开阔，不仅要熟悉六经，而且要知道六经以外依然还有广阔的天地。

长沙老明德中学的楚辞亭

这里特别值得一提的是，文化景观设计可谓当前学校文化建设的重要形式，但这种景观设计需要融入学校物理空间之中，显现其作为整体的一部分的意蕴，而不是单纯凸显个别景观自身的功能。我们来看看北京大学附属小学的物理空间。

北京大学附属小学校园内苍松翠柏、花木繁茂。一栋呼吸着时代气息的生态教学大楼，与明清古建、欧式别墅交相辉映，传统与现代完美融合，处处充满儒雅气息。树木、花草、奇石，都是学校的语言；王世襄的旧居保存完好，向孩子们诉说过去的历史；精致的花岗石台阶旁的一棵老树，说明学校在建设过程中懂得保护；著名文学家、教育家冰心的题词："专心地学习，痛快地游玩"，与草地融为一体，可谓人文的自然化。在这浸润着文化内涵的校园中，曾经居住过著名的中国文物及传统文化专家王世襄先生，著名历史学家翦伯赞先生，著名法学家、法学教育家陈守一先生，著名现代散文家、诗人、文艺理论家何其芳先生。冰心的亲笔题词已成为学生们的座右铭，中国国学大师季羡林先生亲笔题写的"放飞理想"道出了北京大学附属小学办学的美好愿景。校园无处不风景，但又不至于给人以压迫感，人文景观的设计融入校园整体之中。**让校园人文景观充分地融入校园之中，成为校园的一部分，而不是反过来让校园成为景观的附属，**这就是校园人文景观设计的奥妙之所在。

校名石刻

王世襄先生旧居

花岗石台阶旁的老树

冰心题词

4．自然与人为的完美结合：学校空间之理想形态

中国园林可谓自然人文化与人文自然化合一的典范。《红楼梦》第十七回“大观园试才题对额，荣国府归省庆元宵”中，贾政带客人游览大观园：“（贾政）遂命开门，只见一带翠嶂挡在前面。众清客都道：‘好山，好山！’贾政道：‘非此一山，一进来园中所有之景悉入眼中，则有何趣。’众人道：‘极是。非胸中有大丘壑，焉想及此，说毕，往前一望，见白石峻嶒，或如鬼怪，或如猛兽，纵横拱立，上面苔藓成斑，藤萝掩映，其中微露羊肠小径。贾政道：‘我们就从此小径游去，回来由那一边出去，方可遍览。’”①

这段话可以说较充分地展示了大观园的妙处，同时也是中国古典园林艺术的妙处，那就是：让人在迂回曲折、平中

① 曹雪芹，高鹗．红楼梦[M]．北京：人民文学出版社，1985：226．

见奇中享受自己的发现之旅，所谓“山穷水复疑无路，柳暗花明又一村”，给置身其中的个体以豁然开朗的乐趣，让个体看清人生终极境遇而后在天地间享受现实人生。中国园林建筑给学校物质空间的营造提供充分的启迪，这种启迪就是居住空间的自然与人为在优美与无限想象力中的融合，所谓“巧夺天工”。

这意味着我们的学校建筑应善用中国传统建筑的元素，以其接近自然、变化、雅致，给学生提供妥帖的精神呵护。“中国建筑术的发展，可以看出，是跟西洋建筑沿着两条路线前进的。它的主要倾向是企求与自然相调和。从许多方面看，它的这种企图是成功的。它的成功，因为它能够摄取梅花嫩枝条的气韵——首先转化入书法的灵活生动的线条，然后转化入建筑的线条与形式。更补充以象征的意象。经由迷信堪舆术的流行，掺入了万象皆灵的基本概念，这使人被迫地审察四周的景色。它的基本精神是和平与知足的精神，产生优越的私人居宅与庭园。它的精神不像高斯（Goth）式的尖塔，升指天空，而是覆抱着地面，且甚满足于它的形式。高斯式天主教堂显示崇高的精神，而中国式的庙宇宫殿显示宁静清朗的精神。”①

① 林语堂. 吾国与吾民[M]. 北京：中国戏剧出版社，1991：291.

幽深，开门见山，寻求人在自然中的优雅居住方式。学校空间的曲折变化，给校园中的师生以想象的空间，同时避免学校的一览无余，避免师生置于强光之下，使得学校生活具有某种私密性，由此赋予学校生活更多的想象空间，增进学校生活的意义感。一旦学校空间向着外在世界全景敞开，学校就难免祛魅化，师生生活就难免被有意无意地置于社会的注视之中，师生生活必要的私密性就被全然剥夺，学校就变成了敞开的监狱，学校的想象空间就大大缩减。

当然，学校物质空间并非只有曲径通幽的式样，也可以是纵览全局式的。美国斯坦福大学知名学者哈里森这样比较大观园和斯坦福大学里的金斯哥特花园："随着贾政一行沿着条条路径漫步，绵延数页的大观园之旅读来宛若一出起伏跌宕的传奇故事——从石洞到游廊，从花坞到菜畦，其间处处景致向来客一一展现——仿佛这座园林，一如小说本身，是沿着一系列预先设想的情节而展开的，事实当然也的确如此。金斯哥特花园没有潜在的情节，唯独呈现着抒情诗般的晶莹的形式，从任一角度均可望见整体。金斯哥特花园没有要讲述的故事，然而，在抒情诗般的静默中，它让思绪在奥妙的现象中流连，在现象的迷津边萦绕。……如同其他许多花园，纷纭世界惯于排挤或抑制的一些活动，金斯哥特花园以某种方式为之提供了场所。它让思绪、灵视、回忆和遐想有了展开的空间，让这般心灵现象赖以生存的深度时间成为可能。”① 显然，学校物质空间绝非只有一种形式，最要紧的是能显现出必要的迷魅，给置身其中的个体以更多想象的可能。

人总是活在一定的环境之中，环境的质量乃是人的生存质量的重要标志。**师生生活在校园之中，校园环境的质量直接地构成师生生命质量的重要部分。充分意识到校园环境的意义，并且用心设计校园中的一草一木，其实就是对校园中人的引领与尊重。**学校生活的本质乃是文化与心智生活，怎样激活置身其中的每个人的想象，开启人的心智，给人以美的浸润，由此而极大地扩展学校生活的内在空间，这实际上就成了物质形态的学校空间创设的理想目标。

---

① 哈里森．花园：谈人之为人[M]．苏薇星，译．北京：生活·读书·新知三联书店，2011：52，57．

人的活动：学校空间的指向与学校文化之魂

人文校园，意味着校园是属人的。学校是师生共同的心智生活的场所，堪称优良的学校生活乃是师生充分的心智生活，这意味着**一切学校环境，都应该孕育、包含、激励着师生的心智生活，或称为师生卓越心智生活的写照。**学校环境，包括学校物质环境，以及制度环境，都是为了增进师生心智生活的完满。优良的学校生活乃是富于意味的物理空间、人文环境与优雅的人的活动的统一。富于文化意蕴的学校空间，为人的活动提供背景，并促成人的活动的积极展开。

自　然

↑↓　——→　人的活动

人　为

北京大学的“一塔湖图”不仅是令人遐想的优雅物理空间，更重要的是为人们在这里的优雅活动提供基础与准备。人在“一塔湖图”所构成的文化空间里活动，“一塔湖图”成为人出场的背景，反过来，“一塔湖图”之物理空间也因为人的活动而增添了无限活力、无比趣味。非常有趣的一个活动是新生的“拖尸”典礼。所谓“拖尸”，就是英文的 Toss 的谐音，即在刚开学的时候，由高年级的老生们将他们看不太顺眼的新生拖至未名湖边，毫不留情地将他们一个接一个地扔进水里。

我们看这样一段回忆：

1940 年的 9 月初，那时学校刚开学，我也刚入燕大三年级，就听说从天津来了一个自称 Chinese Caruso（中国卡鲁索）的男高音。此人身材胖大，在男生宿舍引吭高歌，自命不凡，态度骄傲，不听指挥。于是高班的男同学们就决定给他一个小小的教训，给他一个“拖尸”典礼，那就是沈湘在燕园第一次出的风头。

果然，两天以后的一个傍晚，大家刚吃完晚饭准备到图书馆去读书的时候，竟听见校园里锣鼓喧天，摇旗呐喊的声音。只见一长队的同学们拥着几个新生，拿着毛巾等物，一路迈向西校门去。于是大家也忘了读书，都一涌而前地冲到西校门去看热闹。到了西校门的小湖旁边，只见湖周围已经站满了人。音乐系主任范天祥先生及其夫人、儿子，还有当时在系中唱男低音的齐耐群，也都拿着浴衣、毛巾在等待着。那次被抛入湖里受“拖尸”典礼的同学当然不只沈湘一个，他因体重一时爬不上岸来，也真喝了不少水。后来被同学们拖了上来，交给了范天祥老师，在大家的呼喊及掌声中，他就被保护着带走了。时隔33年，可是当时的情景却历历如在眼前，令我难忘，想当时在场的老同学们一定也与我有同感。①

虽然“拖尸”惯例貌似残酷而不人道，但对于新生却有当头棒喝的奇特效果。尽管从水里爬出来的新生狼狈万状，活像只落汤鸡，可是他们将永生铭记这种令人难忘的迎新典礼。经过这番洗礼，沈湘逐渐改变了最初的傲慢态度，对声乐的基本功开始认真地加以重视，经过多年的虚心求教和勤学苦练，后来成为中国声乐界的权威。②

2002年，应邀主持沈阳建筑大学新校址校园景观设计的北京大学景观设计学研究院院长俞孔坚教授，面对资金短缺、工期紧等一系列挑战，提出了用水稻来绿化、美化校园环境、让稻香融入书声的方案。稻田校园用当地的东北稻和荞麦等农作物以及乡土野草为材料，营造出富有独特的现代感和乡土气息的稻田景观：便捷的步道穿梭其间，连接宿舍和教室，白杨树分割出一块块水稻田，其间分布着一个个宜

---

① 茅爱立．忆沈湘[J]．中央音乐学院学报，1994（1）：95．

② 肖东发，李云，沈弘．风骨：从京师大学堂到老北大[M]．北京：北京图书馆出版社，2003：237．

人尺度的读书空间。每当5月中旬，校园庆祝插秧节，每到10月底，学校又举办收割节，学生们陶醉于一个悠久农业大国所独有的农耕文化体验之中。收获的优质稻米成为学校馈赠贵宾的礼品。水稻之父袁隆平赞曰："育米如育人，稻香飘校园。"美国景观设计师协会给予如下评语："一种丰产而美丽的景观，它使学生能直接与农业亲密接触，最精彩之笔在于把实验田放在校园之中。"对逐渐远离土地、远离乡村、远离农业的中国人特别是年轻学子们来说，对一个一日不可忘却土地的恩惠、万万不可浪费土地的农业和人口大国来说，"稻田校园"传达了设计师关于土地的忧患意识和无限深情，表达了反对追求奢华与奇异，倡导"白话景观"与寻常城市的理想。[①]

沈阳建筑大学稻田景观

① 吴智刚．大学里的水稻景观[J]．森林与人类，2006(2)：30—31．

学校的任何物理空间设计，最终都指向人、服务人，并最终归结为人的活动形式。换言之，一切外在学校环境的根本意义，都需要体现在人身上，体现在人的活动之中，而不是流于外在的摆设。一所优良的学校，不仅拥有良好的学校物理文化空间，更重要的是在这个空间里，有鲜活的人的活动。任何华丽的装饰，如果不能转化成人的活动的积极资源，转化成学校师生身心发展的有机载体，激励人，启迪人，这样的设计不过是没有灵魂的、眩人耳目的摆设而已。

北京大学附属小学一角

以运动场为例。塑胶跑道和其他各种体育设施，当然都是好的运动场的重要指标。但所有这一切，如果没有人去运动，让这种运动设施显现其自身的功能，让运动场真正运动起来，那么这个运动场就徒有其名。正因为如此，运动场就其本意而言，乃是一个活生生的生命场域，是因为有人运动，才让那个地方成为运动之场。音乐教室不仅仅是好的音乐设施，更重要的是师生在其中的音乐活动创造出来的生命的欢欣。图书馆也一样，好的图书馆不仅有充足的图书和阅读设施，更重要的是方便师生阅读，经常有师生阅读，使得图书馆真正成为师生精神的庇佑之所。好的校园，处处都能体现出师生活动的迹象，包蕴、激励着师生的教学生活。

我们来看当年南开中学的校园生活场景：

操场上更是南开学子们自由奔驰的场地，每天下午3:30，所有学生都要走出课堂，融入火热的课外活动中（主要是体育活动）。……南开中学对美育和锻炼动手能力的技艺活动也一样重视。音乐教室里，音乐教师阮北英几乎是不分昼夜地教每个班、每个组，从中国民歌、抗战歌曲直到西洋古典乐。20世纪80年代，当几个60岁的学生在八十多岁的阮老师面前，流着热泪唱起他从前教的歌时，已经几十年没有听过这些歌的老师激动地哭了。①

当年的南开中学，其硬件设施显然无法与今日的名校相提并论，但恰恰是人的活动，让南开中学至今依然显现出浓郁的理想教育的精神气象。

哈佛大学校长罗威尔模仿牛津大学、剑桥大学的学院

---

① 傅国涌．过去的中学：人生最关键阶段的教育和学习[M]．武汉：长江文艺出版社，2006：8.

制的精神，设立“院屋制”：哈佛大学在查理士河畔建立了13个院屋，每个院屋规定分与350~400个二至四年级的学生居息。“院屋中虽然没有正式的教学，但却是一个不拘形式老少长幼谈天论书的天地，每个院屋设有院长，教务主任和导师。在结构方面，每个院屋有食堂、图书馆、休息室、音乐室等、建筑都颇雅致，尤其是沿河的几幢，庭院深深，清幽出尘，很有些牛、剑学院的气氛。”①

学校不仅是学习的地方，也是生活交流的场域。生活与交往正是学校教育的基础形式。庭院深深，学人簇簇。学校空间到处显现出来的师生生命活动的踪迹，构成学校文化精神的核心所在。

文化出自人，且为了人。这里的出自人，并非简单出自某个人的异想天开，而是出自人的活动。文化乃是人的活动内容，人的活生生的生活，不断向着形式的转化。历史与当下的人的活动，积淀成为一种相对稳定的形式，成为某种具有代表性的符号，这就成了文化。缺少人的活动内容来支撑，形式总是空洞的。真正的文化是活出来的！文化就是一定人群的活法，就是人的具体的“活”转向抽

① 金耀基．剑桥与海德堡：欧游语丝[M]．沈阳：辽宁教育出版社，1995：88—89．

象的“法”。这意味着**学校文化就其根本而言，乃是学校人的活法，离开学校师生活法的文化乃是伪文化。**正如亚里士多德所言：“我们做公正的事情才能成为公正的，进行节制才能成为节制的，表现勇敢才能成为勇敢的……总的来说，品质来自相同的现实活动。”[①]我们因为师生一起积极从事各种体育活动而使学校呈现出健康的文化品质；因为充满着各种富于智慧的活动而使学校显现出智慧的品格；因为学校里到处充满着自由的交流、平等的交往、充分的参与而使得学校显现出民主的品性；因为彼此关爱、充满美的趣味而使得学校成为爱与美的精神所系。同样，我们也会因为学校生活中的无趣、压抑、平庸而使得学校显现出无趣、压抑、平庸的文化品性。这并非反对、否定学校文化设计，而是强调：**学校文化的根本乃在于师生的活法、在于师生充满文化趣味的生动活法；学校的一切文化设计，都应该体现、切实引领师生的活法，而不是简单地弄几个华丽的词语、空洞的装饰来点缀。**

这里特别需要一提的是学校制度文化的形成。学校制度文化乃是学校活生生的文化活动的制度化结晶。学校制度既

---

① 亚里士多德．亚里士多德全集[M]．第8卷．北京：中国人民大学，1994：28.

是一所学校过去的优秀文化生活的结晶，同时又是对现在以及未来师生优良学校生活的激励、引领与必要的规范。离开了师生优良的学校生活的内涵，学校制度就失去了其属人的本性。

还有一个问题，学校文化的根本来自于学校人的生生不息的活动构成的生命气息，也就是人与人之间的连接构成学校文化生长的根本所在。人是一切中最重要的，充盈着校园的活动与交往，都是为了增进人与人之间温暖的生命联系。诗意地栖居在校园之中，意味着交往地生活在校园之中。人与人之间的生动交往，孕育着学校生活的无限可能与无穷魅力。正如当年梅贻琦所言："学校犹水也，师生犹鱼也，其行动犹游泳也，大鱼前导，小鱼尾随，是从游也。从游既久，其濡染观摩之效，自不求而至，不为而成。"[①] 好的学校其实就是给师生从游提供一个卓有意义的空间。

这意味着学校并非越大越好，学校大到一定程度，师生彼此之间就只具有符号的意义。一所学校，特别是小学，大到校长还能熟悉每个孩子，最好能叫出每个孩子的名字为佳。换言之，好的学校，彼此能成为对方的风景，成为一个相互

① 梅贻琦．大学一解[J]．清华学报，1941，13(1)．

影响、充满交流的教育性场域，而非各自在庞大学校中的狭小空间里各自为政的教育工厂。人一旦太多，彼此影响的可能性就大大降低。这至少反过来提示我们，怎样切实地增进人与人在学校里的互动，增进共同的学校生活，乃是今日求大、求规模的学校教育必须考虑的基本问题。

人文校园：
学园、乐园、家园

徐志摩的《再别康桥》，可谓耳熟能详。他对康桥（剑桥）情深义重，一生眷念。

“此去身虽万里，梦魂必常绕汝左右，任地中海疾风东指，我亦必纡道西回，瞻望颜色；归家后我母若问海外交好，我必首数康桥，在温清冬夜蜡梅前，再细辨此日相与况味；……康桥！你岂非是我生命的泉源？你惠我珍品，数不胜数……”（徐志摩《康桥再会吧》）[①]

① 这首诗写于1922年8月10日，1923年3月12日上海《时事新报》副刊《学灯》刊登。初收入1925年8月中华书局版《志摩的诗》，再版时被删。

著名诗人、散文家徐志摩

徐志摩，现代诗人、散文家。1915 年，毕业于杭州一中，先后就读于上海沪江大学、天津北洋大学和北京大学。1918 年，赴美国学习银行学。1921 年，赴英国留学，入剑桥大学当特别生，研究政治经济学。1926 年，任中央大学（1949 年更名南京大学）教授。在剑桥两年深受西方教育的熏陶及欧美浪漫主义和唯美派诗人的影响。

康桥对于徐志摩而言，不仅仅是一个实体化的存在，而且是散发着迷人魅力的精神性存在。康桥作为一所大学何以散发出令诗人如此迷恋的精神意味？徐志摩在《吸烟与文化》一文中这样写道：“但我在康桥的日子可真是享福，深怕这辈子再也得不到那样甜蜜的机会了。我不敢说康桥给了我多少学问或是教会了我什么。我不敢说受了康桥的洗礼，一个人就会变气息，脱凡胎。我敢说的只是——就我个人说，我的眼睛是康桥教我睁的，我的求知欲是康桥给我拨动的，我的自我的意识是康桥给我胚胎的。”康桥对于诗人而言，不仅仅具有知识上的意义，更具有生命本体的意义。康桥是徐志摩一生不变的风景，徐志摩的诗歌也成为康桥永远的风景。

剑桥大学校园里专为徐志摩中文诗刻的碑

著名出版家范用只读过两年私塾、四年小学，然后就失学了，其中他最怀念的是穆源小学的两年，那是他心目中圣洁的殿堂。范用终生感念他在江苏镇江读的穆源小学（1906年创办），专门写了一本书《我爱穆源》。为自己的小学写一本书，他可能是第一人。离开学校36年后，他一个人悄悄回去，旧时的校舍片瓦无存，在他的记忆里却是清晰如昨，回到北京，他用硬纸片做了一个当年穆源小学的模型，郑重地送给母校，安放在新大楼里。穆源小学对于范用而言，不仅仅是一段学习经历的所系，更是一种生命的寄托。

作家袁鹰曾这样怀念他曾经就读的杭州师范大学附属小学：

学校离西湖边很近，校门对面就是“西湖十景”之一的柳浪闻莺，那里沿湖边有大片草地。每星期有两天下午的课外活动，老师总是带我们去那里。……我们去进行课外活动时，那里几乎就成了我们小学生的世界。有一次，老师没有去，让我们自己排队去活动，只叮嘱不要活动得太迟，按时结束回家。我们到了那里，童子军中队长让全班按小队排好，在湖边的草地上列队来回游行，一边游行，一边唱歌，先唱老歌。……不唱了，换一首歌，就唱起《义勇军进行曲》。中队长领头大声唱一句：“起来！”全体立刻接下去：“不愿做奴隶的人们，把我们的血肉，筑成我们新的长城……”越唱越有劲，越唱越嘹亮，唱完一遍又唱一遍……这个生动的细节，连同母校杭师附小的一切，几十年来一直都鲜活地留在我的记忆里，每次想起，都会带来一丝温馨，也并未随着时光流逝而有丝毫暗淡。那天，光临舍下的邱校长说，现在杭师附小四宜路校园十分宽敞美丽。我这个白头校友听了不禁为之神往和欣喜，不过我依然常常想起南山路畔那座母校，她已成为我心中永恒的圣地了。

一所好的学校，不管是小学，还是大学，都足以成为一个人心灵的圣地，成为一个人精神的乐土。好的学校教育，足以激励、影响人的一生，成为人生可以不断回望的精神家园。

学校不仅是学知识、获得学业上晋升资格的阶梯，更是，而且首先是师生共同生活的精神家园，是师生人格共同发展、心灵受到启迪的理想空间。一所好的学校，必须能焕发师生美好的想象与自由的创造，唤起师生对于美的向往和创造的热情，从而唤醒、激励师生个性的共同生长。优良的学校之所以让人一生迷恋，正是因为**学校所蕴含的人文趣味深深地激励着年轻学子的生命成长，成为个体年少阶段美好人生经历的重要部分，确切地说，是在一个人生命成长的旺盛时期、关键时期，给人以美好事物的激励与幽微体验，由此而奠定个体人生可以不断回望的、优美乐观的精神资源。**

学校首先是学习的地方，但学生并不是作为一架学习的机器进入校园，而是作为一个人生活在校园之中，学校教育包容着个体完整生命的成长。换言之，好的学校教育不仅是理智的，而且是生命的。对于一个人而言，好的学校不仅是学园，是黾勉求知的地方；而且是乐园，是快乐成长的地方；更是家园，是包容着完整个体生命孕育的家园。学园主要指涉个体的思维、理智的发展；乐园主要涉及个体进入学校生活之中身心的愉悦；家园指涉个体生命的完整生成与意义孕育。

家，顾名思义，就是一个栖息的地方。但那并不是完整的家。一个有爱的地方才是真正的家、一个真正熟悉的处所。学校成为家园，一个基本的要素就是爱。“学校教育到了现在，真空虚极了。单从外形的制度上、方法上，走马灯似地更变迎合，而于教育的生命的某物，从未闻有人培养顾及。好像掘池，有人说四方形好，有人又说圆形好，朝三暮四地改个不休，而于池的所以为池的要素的水，反无人注意。教育上的水是什么？就是情，就是爱。教育没有了情爱，就成了无水的池，任你四方形也罢，圆形也罢，总逃不了一个空虚。”① 爱究其实质而言，就是人和人或者人和物之间的亲密联系，这意味着爱总是一种关系，是一种亲近的关系，爱让人亲近地活在人与人、人与事物的关系结构之中。爱总是意味着一种关注，个体朝向某人、某事物，对某人、某事物充满期待。由此，爱意味着充满期待地关注某人、某事物，爱不仅仅是一种关注，任何爱都包括一种价值性的期待、一种激励与促进。教育爱让个体真实地

① 刘铁芳. 新教育的精神：重温逝去的思想传统[M]. 上海：华东师范大学出版社，2007：245.

活在师生—生生亲近的关系结构之中。爱虽然不是学校教育的全部，但爱却是学校教育得以展开的背景，正是在爱的背景之中孕育着个体的自我激励与成长。爱让个体积极地融入他人之中，没有爱就不会有个体人性在人与人的关系之中的充分生长，没有爱就没有教育。

家庭给孩子生活与成长必不可少的东西，父母亲以一种亲情的亲密关系环绕着孩子。父母亲的陪伴给孩子以保护，使得孩子自我生存的空间和基础得以实现，让孩子在其中可以有自己的行为方式、行为习惯和生存方式，可以成为他们自己。“好的学校与家庭具有同样的特点，如某种亲密和安全感。学校在亲密家庭和社区之间，以及有些冒险的外面世界之间提供了一种中间的、过渡性的阶段。在一个使人感受到安全的教育环境中，学生学得最好，愿意冒险。学校应当有足够的安全感（像家庭一样），使人可以感受到问题并解决问题，并能容忍质疑、争议和不同意见。……儿童的生活就是与困难生活在一起。活着就会有困难。事实上，所有的成年人都在努力地做到对孩子的问题和困难保持着敏感性。”[①] 爱与安全感的获得，就是让孩子意识到总是有人在关

---

① 马克斯·范梅南．教学机智：教育智慧的意蕴[M]．李树英，译．北京：教育科学出版社，2001：78．

心他们、[①]关注他们、包容他们、促进他们，从而鼓励他们在学校生活中自由探究、自主发展，让他们在面对问题、解决问题的过程中，切实地获得并感受到自我心智与人格精神的成长，让他们在学校所提供的支持与帮助中一点点走向独立，走向自我成长。

布卢姆曾这样写道其初入芝加哥大学的经历：“我 15 岁那年第一次看到芝加哥大学，并多少觉得我发现了自己的人生。过去我从未见过或至少留意过这样一种建筑物，它明确地致力于更崇高的目的，不是为了功利或需要，也不仅是为了栖身、生产或贸易，而是为了某种目标本身。……我对未知事物的渴望，突然间在外部世界得到了回应。”[②]正是学校空间里映射、洋溢出来的对更高事物的启迪，召唤、激励着年轻学子，使他们朝气蓬勃、积极向上。这可谓环境育人的核心意义所在。显然，家园不仅是情感的，更是价值的。学校作为家园，不仅在于校园中弥散出来的爱与温情，更在于以爱与温情为基础而展开的美善价值的孕育。学校之为家园的根本意义，正是**激发个体向着更高价值的追求，孕育个体**

---

① 很有意思的是“安全”（safety）这个词与“关心”（caring）有联系。“孩子如果感到有人为他担心就不会过度地担心他们自己。”（马克斯·范梅南．教学机智：教育智慧的意蕴[M]．李树英，译．北京：教育科学出版社，2001：76.）

② 布卢姆．美国精神的封闭[M]．占旭英，译．南京：译林出版社，2007：243.

人生的价值归宿，获得个体人生绵绵不绝的精神动力。

芝加哥大学[①]

“在本质的意义上，我感到学校不仅是传承知识的场所，更是培养学生精神气质的地方。走进校园不是为了走进一条课本知识的胡同，而是走向一个追求真、善、美的广阔原野。……一所学校如果不能让莘莘学子从中感受一种强烈的人文氛围，不能给学生以潜移默化的人文熏陶，整天只是让他们在教科书和题山卷海中跋涉，抹杀个性，遏制创造力，这样的学校就是升学率再高也不会是什么好学校。”[②]知识的传承当然是学校教育的基本功能，但**学校的中心是育人，人的生命质量、人的成长水平的高低，才是评价一所学校好坏的根本。**学生并不是单纯作为传承知识的工具，知识的传承必须置于与个体成人的关系之中审视。换言之，在生命与文化两个核心要素之

① 图片来源：http://baike.baidu.com.

② 傅国涌. 过去的中学：人生最关键阶段的教育和学习[M]. 武汉：长江文艺出版社，2006：2.

间，生命才是最终的落脚点所在，生命的发展需要文化的引领，而文化的传承则需要以促进生命发展为依据来选择、更新，文化恰恰就在不断的选择与创造中保持自身的生命活力。

学校作为家园正在于在一个人成年的过程中，给予其文化价值的启迪与孕育，从而把个体引向美善人生之路途中，让一个人在人生发展的任何阶段，都能不断地回过头来，从年少的学校教育经历中求得精神的援助。一个人在学校中，生命得到充分的舒展，心灵得到整体的孕育，学校就成了精神之家园。好的学校常常成为人们一生之所系，让人可以在人生的旅途不时地回过头来，从中获得精神的援助。

小结 走向人文校园：数字化时代的学校特性

人文校园与数字校园是学校教育现代化的两个要旨，“人文”与“数字”是教育现代化架构的两个车轮，缺一不可。只有思想没有技术那是纸上的现代化。有设备而无思想，就是硬件仓库，就是把昂贵的电教资源当贡品，当展品，摆样子。有设备而思想不正确，把先进的教育思想应用于传统的教育，反而变本加厉地加重学生负担。新设备、老思想成为孔乙己穿西装，不伦不类，贻笑大方。人文校园和数字校园一个属精神范畴，一个属物质领域。两者都要抓，两手都要硬。数字校园建设属于基础性建设，主要任务是使学校具备与时代发展、科技进步相适应的物质条件，也是现代化教育最基本的物质条件。人文校园建设属于精神建设范畴，是师生共同完成高质量教育教学的精神动力，为数字校园建设提供智力支持，并使数字技术在校园内发挥最优功能，而不是走向偏离。

现代化不是学校的一切，不管技术如何变化，学校始终是以人为中心、呵护人的生命成长的地方。**人文校园始终是学校存在的根本，是学校存在的基础属性。**

北京师范大学附属中学钱学森雕像

且让我们听听北京师范大学附属中学的老校歌吧：

“附中，正正堂堂本校风，我们莫忘了诚、爱、勤、勇。你是个海，涵真理无穷。你是个神，愿人生大同。附中，太阳照着你笑容，我们努力读书和做工。”①

① 散木. 感念师大附中[J]. 基础教育，2006(6)：46—47.

六

校长：把教育的本质带入当下

提到北京大学，我们一定会想起蔡元培，想起他的“思想自由，兼容并包”；想到清华大学，我们一定会想起梅贻琦，他当了六年清华校长后，有人问起为什么没人赶他下来，他这样说：“因为我姓梅，大家愿意倒这个，倒那个，就是没有人愿意倒霉。”提到南开学校，我们一定会想到张伯苓，想起南开的校训，“允公允能，日新月异”；想到北京师范大学附属中学，就会想到林砺儒，想起他的全人格教育；想到明德中学，就会想到胡元倓，想到他和黄兴对话的名句，“公倡革命，乃流血之举，险而易；我办学校，乃磨血之举，稳而难。君取其易，我就其难”，想起艰苦真诚的校训和磨血育人的教育精神。

著名教育家蔡元培

蔡元培（1868—1940），字鹤卿，又字仲申、民友、孑民，中国绍兴山阴人，原籍浙江诸暨。革命家、教育家、政治家。1916 年至 1927 年，任北京大学校长，革新北大，开“学术”与“自由”之风。

回望一所好的学校，往往是跟一位堪称杰出的校长联系在一起的，而**一位杰出的校长则是跟他们对教育理想的诉求分不开。正是他们对教育理想的积极探索与躬亲实践，将教育的本质带入当下，带入日常学校生活之中。也正是因为他们对教育理想的不断探索与躬亲实践，让他们成为名副其实的校长。**

何谓校长：从思想到行动

我们来看一所老中学——浙江上虞的春晖中学。

春晖中学北校门①

1908年，上虞富商陈春澜捐银五万元，在小越横山创办春晖学堂；1919年，陈春澜再捐银二十万元，委托乡贤王佐和近代著名教育家、民主革命家经亨颐等续办中学。

春晖中学坐落于上虞白马湖畔，依山傍水，风景优美，钟灵毓秀，人杰地灵。经亨颐先生从其“人格教育”办学理念出发，确立了“与时俱进”的校训、“实事求是”的教育方针和“勤劳俭朴”的训育方针，首开浙江中学界男女同校

① 图片来源：春晖中学校园网。

之先河；聘请了一大批名师硕彦，夏丏尊、朱自清、匡互生、朱光潜、丰子恺、刘薰宇、叶天底、张孟闻、范寿康等先后在此执教，实行教育革新，推行“人格教育”“爱的教育”“感化教育”和“个性教育”等;蔡元培、黄炎培、胡愈之、何香凝、俞平伯、柳亚子、陈望道、张闻天、黄宾虹、张大千、叶圣陶等都来此讲学、考察，推行新教育，传播新文化。春晖中学由此积淀了深厚的文化底蕴，奠定了坚实的名校基础。当时的春晖中学不仅能使学生得到良好的成长，在闲适、自由的环境中教师也得到很好的发展，也影响了当地的社会文化风尚，如经亨颐先生所说，“我们应当感化乡村，切不可为乡村所化”。学校一时声誉鹊起，成为中国现代教育一颗璀璨的明珠。[1]

夏丏尊与好友叶圣陶、胡愈之等在春晖平屋前留影[2]

① 参阅百度百科上关于春晖中学的资料，具体网址是: http: //baike. baidu. com/view/2425714. htm。

② 图片来源: http://baike.baidu.com.

办好一所学校的条件到底是什么？为什么在物质条件并不发达的时代，却办出了不少堪称杰出的好学校、好教育？这里的因素当然有很多，大抵离不开社会的足够支持、办学者的襟怀，以及建立在办学者襟怀之上的学校空间设计，还有优良的师资。特别是学校物理空间和人的活动的融合，积淀而成的人文荟萃，可谓学校魅力之根本所在。其中，经亨颐校长可谓其中承接各种力量、广纳名师、完成教育理想之现实转化的关键人物。

著名教育家经亨颐

经亨颐(1877—1938)，浙江上虞人，我国著名教育家。先后担任浙江两级师范学校、浙江第一师范学校、春晖中学、浙江省立四中等学校的校长。

我们来看看经亨颐校长在上虞春晖中学经历的片段：

深感“吾国近今之学校教育，体操不注重，无可讳言。”因此，“余主张教育之烘炉，合文武为一体也。”他认为体育不光为健身，更为锻炼意志。他说：“体育之效力，不但及于身，且及于心。”“我竭诚警告中等学生青年，正要‘卧薪尝胆’，及早锻炼身体，养成勤苦耐劳，来日大难，非献身的担当不可。”

当时的春晖中学每年召开运动会，每次他都亲自致开幕词。召开运动会的目的，他认为：(1) 竞争优胜，(2) 提倡体，(3) 结合精神，(4) 锻炼心意。

为实践他的体育思想，他主持的学校有完备的体育设施、设备，聘请有水平的体育教师，开展丰富多彩的群体活动和体育竞赛。春晖中学，开始只有几个班的规模，但有四百米跑道田径场，有足球场、网球场、篮球场、游泳池，一应俱全。

为鼓励师生开展体育活动，他自己带头参加体育锻炼。他在 1918 年 5 月 25 日的日记上这样写道：“本校职员赛跑二百码，余亦加入，得及第二，体力尚强，可自慰焉。散会时已六时余，六呼万岁！”在春晖中学的学生运动会上，他还将自己亲手绘的画作为竞赛获胜者的奖品。[①]

---

① 李兴洲．大师铸就的春晖：1920 年代的春晖中学 [M]．北京：人民出版社，2008：66—67.

这段介绍可谓非常清晰地呈现出作为校长的经亨颐从体育思想、言语到行动的完整过程。作为校长，要开展学校体育，首先要认识到体育究竟是干什么的，经亨颐从时弊和学生发展出发，切实地认识到体育的重要性，也是其学校体育实践的起点；运动会致辞，提炼运动会的目的，这是在体育话语的传递与扩展中让体育理念深入师生，这是体育思想走向实践的重要一环；设施、设备条件的准备，这是体育思想走向实践的物质基础；亲自参与，这是实践其体育思想的重要环节。

校长如何将教育的本质带入当下？首先要**有对教育理想的诉求，同时又能创造条件，积极完成理想向着现实的转化。**在这里，校长的办学理念是基础，是灵魂；创造条件，积极实践，则是转化的关键。

校长的办学理念：

赋予学校以灵魂

学校的灵魂是什么？一所学校的灵魂就是这所学校的基本办学理念，办学理念就是对培养什么样的人以及如何培养人的想法。正是对为什么办学、学校要培养怎样的人、以何种方式去培养等问题的不断思考，并融之于实践，使得学校成为卓越教育理念引领、照亮的实践场域。观念先行，踏实行动，学校生活就成了一种基于内在理念的实践。一所学校必须明白，它存在的根本方向是什么，学校工作的根本宗旨是什么。“本立则道生”，本不立，则一切无从谈起。

在找魂的过程中，校长就成了关键的人物。一位优秀的校长，要眼观四路、耳听八方，确立学校办学的中心。校长以及校长所引领的教师群体，能赋予学校以灵魂，他们的人格、教育理念和教育信仰，充实了学校的灵魂，整个校园流淌着的是生命的灵动与求知的乐趣，而不是徒然装满了现代化摆设、外表辉煌如宫殿、内在灵魂缺失的华丽躯壳。

校长人格的中心就是办学理念。**校长理念的核心就是培养什么样的人，对培养什么样的人以及由此而来对如何培养人的思考，成为引领学校一切工作的中心。**学生是学校的根本，学校的中心就是如何让学生作为人而充分地活在学校空间之中，其他事务都围绕人之意义上的学生而展开。这样，学校就呈现出以学生为中心的空间秩序，也呈现出学校教育的意义结构。如果说教师、学生、学校物理空间乃是构成学校的基本质料，那么，校长理念的意义就是给质料赋予形式，让学校作为意义空间显现出来。这种意义空间，或者说赋形的基本内涵，就是如何切实地以学生成人为中心而建立学校诸种要素的内在秩序。

办学理念的生长来自哪里？首先来自对人的思考，来自对儿童的思考。**教育是培育人的，教育必须体现对儿童的尊重与促进。对人的思考，对儿童生命独特性的思考，可谓校长理念的起始点。**

中国现代教育乃是从儿童的发展开始的，如何尊重儿童、凸显儿童的主体地位，可谓现代学校的中心问题。如蔡元培所说，旧教育是儿童受教于成人，新教育乃是要使成人受教于儿童。经亨颐深切反思传统教育，认为传统铸型教育，无视儿童的个性发展和儿童的个体差异，把儿童置于被动接受和任由教育者摆布的位置，颠覆了教育的本质，背离了教育规律。“从前的教育，单知道研究‘应如何教人’，不知道研究‘人应如何教’。今后的教育，无非大家觉悟‘人应如何教’，就是叫做‘学生本位’。”①经亨颐主张人格教育，以“动的教育”来对抗“静的教育”，就是从如何凸显儿童的地位与个性出发的。

---

① 张彬．经亨颐教育论著选[M]．北京：人民教育出版社，1993：229.

美国佐治亚州多尔顿小镇布鲁克伍德小学校长汤姆·巴特勒这样表达他的教育信条："在我们学校，每一个孩子都是独立的个体，是高贵和有价值的人。我们力争在我们的教学内容中反映这一理想。我们试图提供一种十分适合孩子的环境，在这里孩子受到尊重，从而取得良好的成绩。"① 如果说这所学校在每个方面都试图给孩子们提供良好的教育，那么，贯穿这种教育实践的灵魂则是校长的核心理念，那就是相信"每个孩子都是独立的个体，是高贵和有价值的人"，因此,每个孩子在这里都应该"受到尊重""取得良好的成绩"，而学校中的一切事务不过是为了达成这个核心目的。一位普通的小学校长，如能够越过具体的学校事务，直面教育的根本目的，则能由此而提升办学的襟怀。

其次，校长办学，总是在一定的时代与社会之中，一个好校长，应对时代与社会之教育问题有着必要的敏感性与透彻的认识，这是办学理念生长的重要源泉。

① 丁涪海．访问美国的一所小学[J]．群言，1998(2).

中国著名教育家张伯苓

张伯苓（1876—1951），生于天津，是中国著名教育家、西方戏剧以及奥运会在东方的最早倡导者，被誉为“中国奥运第一人”。他一生致力于教育救国，创立天津南开大学，为中华民族的振兴作出了巨大贡献。

我们再来看张伯苓南开学校的教育理念建构：

南开学校系由国难而产生，故其办学目的旨在痛矫时弊，育才救国。窃以为我中华民族之大病，约有五端，首曰“愚”。千余年来，国人深中八股文之余毒，民性保守，不求进步。又教育不普及，人民多愚昧无知，缺乏科学知识，充满迷信观念。次曰“弱”。重文轻武，鄙弃劳动。鸦片之毒流行，早婚之害未除。因之民族体魄衰弱，民族志气消沉。三曰“贫”。科学不兴，灾荒叠见，生产力弱，生计艰难。加以政治腐败，贪污流行，民生经济，濒于破产。四曰“散”。两千年来，国人蛰伏于专制淫威之下，不善组织，不能团结。因此个人主义畸形发展，团体观念极为薄弱。整个中华民族有如一盘散沙，而不悟“聚者力强，散者力弱”“分则易折，合则难摧”之理。五曰“私”。此为中华民族之最大病根。国人自私心太重，公德心太弱。所见所谋，短小浅近，只顾眼前，忽视将来，知有个人，不知团体。其流弊所见遂至民族思想缺乏，国家观念薄弱，良可慨也。①

开宗明义，张伯苓先生直接提出南开学校的价值目标的出发点，那就是针对现实中的“愚、弱、贫、散、私”。以此为靶子，提出五项训练，即重视体育、提倡科学、团体组织、道德训练、培养救国力量。“上述五项训练，一以‘公能’二字为依归。目的在培养学生爱国爱群之公德，与夫服务社会之能力。故本校成立之初，即揭橥‘公能’二义，作为校训。唯‘公’故能化私，化散，爱护团体，有为公牺牲之精神；唯‘能’故能去愚，去弱，团结合作，有为公服务之能力。此五项基本训练，以‘公能’校训为指导原则。而‘公能’校训，必赖此基本训练，方得实现。分之为五项训练，合之则‘公能’二义。允公允能，足以治民族之大病，造建国之

① 刘铁芳. 新教育的精神：重温逝去的思想传统[M]. 上海：华东师范大学出版社，2007：268.

人才。”①“公能”二字，一是强调公共德性，一是强调社会服务能力。如果说“愚、弱、贫、散、私”是教育的负价值目标，那么“公能”就是教育正价值目标的确立，五项训练则是教育正价值目标的训练形式，也就是学校教育生活展开的具体实践路径。

“允公允能，日新月异”——南开校训②

张伯苓的办学理念，针对“愚、弱、贫、散、私”的现实问题，提出五项训练，归结为“公”“能”两大目标，最后提升为南开学校“允公允能，日新月异”的校训。

---

① 刘铁芳. 新教育的精神：重温逝去的思想传统[M]. 上海：华东师范大学出版社，2007：273.

② 此校训乃1934年由校长张伯苓总结并制定。

第三，办学理念并不是空穴来风，而是来自于鲜活的教育实践，来自于此时此地，来自于校长对学校教育生活的敏感性。

我们说说苏霍姆林斯基的故事。

苏霍姆林斯基和学生们

瓦·阿·苏霍姆林斯基（1918—1970），苏联著名教育实践家和教育理论家。他从 17 岁即开始投身教育工作，直到逝世，在国内外享有盛誉。他出生于乌克兰共和国一个农民家庭。1936 年至 1939 年，他就读于波尔塔瓦师范学院函授部，毕业后取得中学教师证书。1948 年起至 1970 年去世，他一直担任他家乡所在地的一所农村完全中学（帕夫雷什中学）的校长。自 1957 年起，他一直是俄罗斯联邦教育科学院通讯院士。1968 年起任苏联教育科学院通讯院士。1969 年，获乌克兰社会主义加盟共和国功勋教师称号，并获两枚列宁勋章、1 枚红星勋章、多枚乌申斯基和马卡连柯奖章等。①

一天上午，苏霍姆林斯基同往常一样，去听一位小学低年级语文教师的课。课堂上的最初几分钟，学生们正紧张地思索着老师提出的一个个问题。这位青年教师开始叫学生回答问题，苏霍姆林斯基认真地记录下了学生的回答，可是学生们的回答，并不能让他感到满意。他发现学生使用的许多词和词组在他们的意识里，并没有很鲜明的表象，跟周围世界的事物和现象联系不起来。学生们仅仅是重复别人的思想，让人听到的仅仅是一些被学生硬挤出来的、笨拙的、背诵下来的句子和词组。它们的意思是什么，似乎学生并没有搞清楚。苏霍姆林斯基想："为什么学生的回答总是那样贫乏、苍白无力、毫无表情呢？为什么在这些回答里常常缺乏儿童自己的活生生的思想呢？"这时，课正在进行中，只听见教师提示学生："课后要复习，词意、句式一定要记住，下节课提问……"听到这里，苏霍姆林斯基皱起了眉头，思维再也集中不到听课上了。

下课的铃声打断了苏霍姆林斯基的思考，可是现在他已想好了下次校务会议上的一个议题，这就是"如何让学生学

① 参见百度百科相关资料，具体网址：http: //baidu. com/view/291554. htm?from. id=722485 &tyPe=Search.

会思考”。他将要向全校师生提出“要思考，不要死背”这个口号。[①]

校长每天面对的不是抽象的理论问题，而是每天都在发生的教育生活实践。怎样从实践中发现问题、提炼问题、寻求解决问题的办法，并且上升到教育究竟如何培养人的思考，这对于提升学校教育的高度是不可或缺的。

苏霍姆林斯基给我们提供了一个杰出校长的实践范本：怀抱对孩子、对教育的爱，到教师中去，到学生中去，到课堂中去，从实际出发，学习、实践、研究融为一体。与此同时，不断地从日常教育生活中抬起头来，超越学校教育现场，思考教育的根本目标，反过来渗透到日常教育生活中去，指导教育实践的改造与提升。由此，校长就把日常生活中发现的问题提升到了学校教育目标的高度。这种教育思考就不是游离于学校日常生活之上，它活生生地生长于学校实践中，具备生动的土壤。**贯穿其中的基本主题就是对人的认识，对教育目标的认识是需要不断丰富的；通达这一主题的校长人格基础是追求真理与自我超越，不唯书、不唯上，也不固执于自我，只唯实。**对学生、对教育的爱，显明学校教育的温度；

---

① 参见百度百科相关资料，具体网址：http: //baidu. com/view/291554. htm?from. id=722485 &tyPe=Search.

不断地实践—反思—实践，显明学校教育的深度；长期不懈地坚持，显明学校教育的力度；对教育目标的不断思考和对造就全面发展的人的不断努力，显明学校教育的高度。苏霍姆林斯基的办学实践让我们见证了理想学校教育的范型。苏霍姆林斯基的经历告诉我们，扎根一线，扎根普通的学校，也能成为杰出的教育家。

校长的教育理念需要通过适当的方式在学校空间里得到充分的体现，这种体现往往首先是以话语的形式展开的。生动的学校精神必自本土生成，或者说真实地生长在孩子们的学校生活之中，成为孩子们成长的资源。怎样立足本土，以多种形式促成教育理念的有形无意的传播，这对于校长办学理念的深化与扩展是不可或缺的。校长的致辞、学校刊物、建筑的命名，都是传递教育理念的窗口。以春晖中学为例，学校的校名本身就是经亨颐等先贤教育理念的表达，是中国传统文化精神的承续与显现。春晖中学的很多建筑，同样深情地烙上了那些杰出的灵魂的印记。夏丏尊先生把自己的房子命名为“平屋”，就是认为自己是平凡的人。这正是他们的平凡之所在，他们做的是最平凡的事，但却是最不平凡的。他们就是在对学校的命名、建筑的命名中，用自己的内在理念伸展出美好的教育空间，他们让我们感受到教育的美好，让我们明白，学校原来还可以如此这般地充满着生命的、文化的、理想的气质，一所简单的学校原来还可以洋溢着爱、美、自由。《春晖月刊》是春晖中学重要的教育文化园地，上面不仅有经亨颐关于教育的文字，也有朱自清、匡互生、夏丏尊等教师讨论教育问题的文章。不少文章堪称经典，比如朱自清的《教育的信仰》。

教育乃是面向未来的事业。好的办学理念，贴近时代问题，引领社会气象。所谓“眼界决定境界”，这里的眼界就是看清日常事务之上的更高教育目的的能力。所谓**教育观，其实就是一种观看教育的能力。**校长办学理念的生长，乃是校长打开心灵之眼，透过日常学校事务，去观看更高教育理想，探寻学校教育真谛的能力。这种观看，是**以儿童的发展为中心，以时代与社会为基本背景，以学校为具体实践场域来展开的。**教育的原型、学校教育的理想范型，用肉眼是看不到的，一定需要我们打开心灵的眼睛。校长的教育观，直白地说，就是校长的境界、校长的德性所在。

我们今天的学校最大的问题是什么？就教育自身而言，最大的问题其实并不是硬件，不是钱，尽管钱是至关重要的，但钱在教育改革的过程中绝不是万能的。与那时的名校相比，我们今天的学校最缺的是魂，是对现代教育的真切理解与融入个人生命之中的积极实践。没有灵魂的学校，就只能是学习训练的工厂，而不可能成为年轻一代心智健全发展的乐园。

就目前而言，校长的办学理念大致在两个层面展开：一是如何**立足生命发展，润泽生命，启迪生命，激励生命；**二是如何体现**文化引领，文化育人。**前者主要关涉培养什么样的人；后者主要关涉如何培养人。培养什么样的人是方向；如何培养人是路径。教育不能自外于社会，技术的更新、文明的进步、社会的发展，都将给教育改革与发展不断地注入新的内容。可以想见的是，随着文明的累积，教育将越来越趋于复杂化。教育的复杂化，在丰富教育的内容与形式的同时，也容易使教育迷失自身的内在方向。这意味着教育发展在不断地朝前走，向着更高的文明出发的同时，也需要不断地回归，回到教育的基本问题，以甄别教育的方向与目标。不断地思考学校教育的方向与目标，探索学校教育的路径，以寻求有灵魂的教育，可谓校长的不二使命。

校长的行动：办学理念的实践转向

校长不仅要有踏实的理念，更要能把自己的理念付诸实践。行动主要包括三个方面：一是创造条件，二是身体力行，三是坚持不懈。

如果说理念是观念世界的努力探索，那么办学实践的展开则需要在现实世界中去抓住机遇，创造条件，为教育理念的施展开辟空间。以胡元倓先生创办明德中学为例。

著名教育家胡元倓

胡元倓（1872—1940），湖南省湘潭县人，字子靖，号耐庵，1872 年 9 月 9 日出生于湖南省湘潭县一个世代书香之家。1897年入选拔贡。1902年入选湖南首批官费留日生，东渡日本，就读东京弘文学院速成师范科。民国时期在湖南长沙创办明德学堂，其“磨血办教育”的精神是为千古佳话，是中国近代史上伟大的教育家，与张伯苓齐名。

胡元倓先生1903年创办明德中学。胡元倓先生办学，一是募集经费；二是建设校舍，增置设备；三是诚聘良师。他有两句名言：一曰“有钱好办事”，二曰“学校里只要教员整齐，学生便乐于受教”。①这里可谓一语道破校长事务最重要的两个要素：一是钱，二是人。1939年12月31日除夕，教职员举行同乐会聚餐，共聚一堂，欢声笑语。校长白发苍苍，周旋其间，兴趣盎然。多年来，胡元倓先生为学校筹款奔走，度过了最为艰难的26年。在这26年中，在校（即在家）度岁只有两年。这一年能够和教职员共度除夕，大家极为兴奋，频频举杯敬酒。②他任明德校长38年，先后为学校筹款数十万元，建造校舍二十余栋，图书、仪器设备为全国中等学校之冠。

正因为如此用心办学，1934年，天津《大公报》总经理胡政之来校参观，盛赞“明德与南开，不啻南北并立之两

① 梁赐龙．胡子靖传[M]．北京：首都师范大学出版社，2009：39.

② 梁赐龙．胡子靖传[M]．北京：首都师范大学出版社，2009：51.

大学府。依余观察，明德管理之严格，功课之认真，似在南开之上，盖人数仅五百余，视南开为少，管理自更便利，全校学生皆住校，无一走读者，寄宿生之整齐，与军队无异。科学仪器之多，视大学无逊色。学生重工作，习勤劳。余参观时，一部分初中学生方在刷新教室，如泥瓦工人也……”自此以后，全国教育界誉称“北有南开，南有明德”。①

理念的实践路径首先是校长的身体力行。校长不仅用语言说明自己的办学理念，更要用自己的行动来阐释。

周南中学创办人朱剑凡先生，制定了“朴、诚、勇”的校训，要求学生做一个朴实、真诚、勇敢的人。他要求学生敦品励学，尊师敬贤；要求教师力行身教，爱护学生。他自己身正为范，身体力行，用自己的语言和行动教育和感染学生。“有一段时间，学生中经常有人随手丢掉吃剩的馒头、饭菜，朱剑凡看了很心疼。一天早上，他悄悄地跟在一群学生后面，一个学生毫不留意地把半个馒头丢在操场上，朱剑凡没有愤怒，更没有厉声喝住那个学生，他蹲下身子，心疼地把半个馒头捡起，津津有味地嚼起来，这一幕让操场上所有的学生震惊，既而心跳脸红、深深自责。朱剑凡这一举措产生的效

① 梁赐龙．胡子靖传[M]．北京：首都师范大学出版社，2009：50．

果是从此再也没有学生浪费粮食了。”[①]

著名革命教育家朱剑凡

朱剑凡(1883—1932)，著名革命教育家，曾名周家纯，长沙府宁乡人，王稼祥岳父。早年留学日本，回国后于1905年毁家兴学，以私家园林“蜕园”改办周南女子学堂，即现在的湖南省长沙市周南中学。

罗马不是一天可以建成的，优良的学校教育同样需要长久的坚持与持续的探寻。这里不能不提享誉世界的优秀校长、杰出教育家苏霍姆林斯基，他在其家乡一所普通的乡村学校——帕夫雷什中学，任教33年，担任校长达26年。若是缺少了长期扎根一所学校坚持深入探索的精神，苏霍姆林

① 毛捧南．朱剑凡及其教育思想[M]．长沙：湖南人民出版社，2005：30—31．

斯基是不能有如此大的作为的。

胡元倓先生曾有一段名言："昔年曾语克强，养成中等社会，实立国之本图，惟其事稳而难为，公倡革命，乃流血之举，我为此事，则磨血之人也。"（胡子靖《耐庵言志》）他把培育人才的神圣的教育事业，称之为"磨血事业"，称自己为"磨血之人"，称他们办学的精神为"磨血精神"。所谓"磨血育人"，就是"办教育要像'磨墨'一样，把自己的精力与心血，一点一滴地'磨'，天复一天，年复一年，一直磨到最后一滴，磨到心殚血尽为止"。"磨血精神"的核心就是"虽九死其犹未悔"。[①]这是一种坚持不懈的生命投入。要办好学校，办好教育，从来就不是一件容易的事情。我们今日办学，同样需要发挥这种"磨血育人"的精神。

我们今天办学的条件远超过了胡元倓先生那一代人，但教育并不会因为条件的相对改善而变得容易，甚至更难。我们今天依然需要这种"**磨血育人**"的精神，**用心办学**，**用生命办学**，**坚持不懈**，**而学校精神自现**。

① 梁赐龙．胡子靖传[M]．北京：首都师范大学出版社，2009：107—108．

校长理念的支撑：教师是学校之基

学校的根本是学生，学校的一切事务都是为了学生而展开的。为了学生这个目标而展开的学校事务当然有很多，归结起来无非是三个方面：一是大楼，也就是学校的硬件设施的改善；二是大师，也就是师资条件的配备；三是大爱，也就是校园文化的提升。三者之中，大楼是基础，大师是支撑，大爱是升华。最核心的还是教师，特别是优秀教师队伍的建设问题。**如果校长的办学理念好比校长的眼睛，校长的行动能力好比学校的双脚，优秀的教师群体就是学校的臂膀。优秀的教师群体在很大程度上决定了校长办学理念的实践深度。**

说到教师的重要性，不能不提到梅贻琦。梅贻琦在1928年就任清华大学校长的时候，在其就职演说中就提到，一所大学之所以成为大学，全在于它有没有好的教授，这就是他后来的名言的最初表达，“所谓大学者，非谓有大楼之谓也，有大师之谓也。”他在那个时候，就认为一个学校师资的力量，要把它提到绝对的高度。

梅贻琦校长

梅贻琦（1889—1962），天津人，字月涵。1914 年，由美国伍斯特理工学院学成归国，即到清华大学担任教学和教务长等多种职务。1931 年，梅贻琦出任清华大学校长。在他的领导下，清华大学得以在十年之间从一所颇有名气但无学术地位的学校一跃而跻身于国内名牌大学之列。

不只是梅贻琦，也不只是大学，优秀的学校都离不开优秀的师资，离不开校长对广延名师的重视。要积极达成学校教育目标，促进学生发展，最根本的依靠就是教师。硬件当然是重要的，但中心还是教师，硬件的改善是为了更好地服务于教师的教书育人，发挥教师的积极性、创造性。离开了优秀教师的支撑，漂亮的外表不过是没有灵魂的摆设。同样，大爱也是重要的，是学校精神的集中体现。但大爱同样需要教师来体现、阐释、传递、渗透，离开教师的校园文化不过是纸上谈兵。

提出教师作为校长事务的中心，并不是说别的不重要，而是说教师是学校事务的核心，是教书育人的关键所在。华中理工大学原校长、中国科学院院士朱九思先生对曾经就读的扬州中学印象深刻：

扬州中学当时是全国有名的好学校。好在什么地方呢？首先就是教师水平高，教书教得好。那时校长叫周厚枢，留学美国，在麻省理工学院取得了硕士学位。他最大的功劳就在于聘请了一批好教师，不仅从本地聘，而且从江南聘，因为江南不论在经济上还是文化上都比扬州所在的江北发达。不仅主课教师要聘好的，而且音、体、美各科教师也要聘好的。如音乐老师李崇祜，是20世纪20年代著名教育家李更生的女儿。美术老师是从上海附近请来的，叫吴人文，颇有造诣。现在扬州中学大礼堂上方的浮雕就是他的作品。体育老师在扬州聘请不到好的，也到外地聘请。当时初中、高中的体育教师都是外地的。教师对于办学之重要意义，我青少年时代就有切身体验。①

① 傅国涌．过去的中学：人生最关键阶段的教育和学习[M]．武汉：长江文艺出版社，2006：5.

江苏省扬州中学校门

江苏省扬州中学始于1902年创立的仪董学堂，是一所有百年办学历史的名校。民国时期，江苏省立的苏州中学、上海中学、扬州中学和浙江省立的杭州高级中学，以教学卓著，并称为“江南四大名中”。

好的教师是一个学校发展的机缘，也是学生生命历程之中的幸运。教师的言行举止往往能影响学生的一生，多少人曾满怀激动地回忆过去的恩师，绵绵回忆中是说不尽的怀念与感激，教师的启发与引导让人受益终身。好的教师需要校长的发现与培养，正所谓慧眼识英雄，在各种教育理念不断冲击的时代潮流中，杰出的校长积极引领着一群教师的成长，为教师的专业发展提供尽可能充足的空间。培育一个优秀的教师群体，这实际上是学校工作的头等大事。

几乎所有的名校都特别注重聘请优秀教师。胡元倓延聘教师有几个特点：一是凡是他打听到的优秀教师，就一定想方设法罗致到明德来任教；二是他对请来的教师，必定千方百计照料他们的生活，并且与他们结成良好的友谊，使之全心全意地为明德服务；三是凡是他的弟子有卓越成就者，就必定要他回母校服务，至少也要服务一段时间；四是若是某位教师要继续深造，他也多方设法帮助他实现这个愿望。①

校长要充分地吸引、凝聚名师。1931 年，苏步青从日本学成回国，到了浙江大学。浙江大学给他的聘书上言明月俸大洋 300 元，但学校经费无着，苏步青名为副教授，连续 4 个月没有拿到一分钱。有人告诉邵力子校长，苏步青面临很多困难，准备重归日本。“半夜里，邵校长敲开我的门，核实听来的消息，当我无可奈何告知确有如此想法时，邵校长脱口而出：‘不能回去，你是我们的宝贝……’听到‘宝贝’两个字，我全身像有一股暖流在涌动，忙问是真的吗？邵校长肯定而有力地说：‘真的！’我马上说：‘好啦，那就不走了！’这天夜里，是我从日本回来后第一次这么激动。没几天，邵校长亲自为我弄到 1 200 块大洋，解决了我无米之炊的困难，让我终生难忘。”②这里，留住苏步青的，一是邵校长“你是我们的宝贝”，这既让苏步青感到被重视，

① 梁赐龙．胡子靖传[M]．北京：首都师范大学出版社，2009：39.

② 苏步青．神奇的符号[M]．长沙：湖南少年儿童出版社，1997：56—57.

也就是学校意识到苏步青的重要性，更是一种人情的温暖，可谓情理留人；二是切实解决苏步青的困难，让他得以从日本把夫人和小孩接过来，这是以实际行动留人。从此，苏步青就怀抱着一个信念：“浙大校长把我当宝贝，我绝不能辜负学校对我的期望。”①邵校长之后的竺可桢校长一如既往地重视人才。浙江大学之所以在当时达到很高的办学水平，跟几位校长慧眼识才、千方百计凝聚名师的努力是分不开的。

邵力子（1882—1967），中国近代著名政治家、教育家

一所学校的精神高度，有赖于教师精神的高度。一位优秀的教师对学生发展、学校水平的意义可谓根本性的。一所

① 苏步青. 神奇的符号[M]. 长沙：湖南少年儿童出版社，1997：56—57.

好的学校必须要有代表学校精神的名师。当然，这并不是不重视其他教师，而是必须发挥名师的带头、示范、引导作用。只有他们，才可能把学校的灵魂散播到每一位教师心中，他们才真正可以把智慧充分凝聚起来。不可否认的是，在过去的著名中学，名师曾给学校带来了非凡的效应，往往是一个名师就带来多位名师，带动一片名师。同时，一位名师的离去也可能带动一个优秀教师群体的解散。时代的不同，对于名师的理解和需求却是同样的渴望。

校长要团结、引导、带动每一位教师，培育名师。所谓独木不成林，良好的学校生活氛围，需要众人之间的相互磨砺，每个人自我的积极、健全的教育意识与教师生命状态，乃是学校其他人积极、健全发展的条件。营造书香校园，促进每个教师的全面成长，就是这样一种努力。与此同时，加强不同学校、地域之间教师的合作与交流，也是一条重要的路径。教育需要交流，闭门造车往往导致故步自封。鼓励教师的交流，扩大教师交流，对于开阔教师眼界、拓展学校视野、提升学校的精神品性是非常重要的。

我们重温梅贻琦“所谓大学者，非谓有大楼之谓也，有大师之谓也”的论述，与其说是阐释大学理念，不如说是阐释大学事务。并不是光有大师就构成了大学，而是大师体现了大学的中心和灵魂，拥有了大师，就拥有了大学最重要的资本与灵魂。有一种校长，他们目光如炬，紧盯着办学的重要事务，全力以赴。学校事务的中心就是高质量的教师，吸引、培育优秀教师，充分发挥教师的主观能动性。紧盯着学校的重要事务，而非紧盯着教育主管部门，可谓校长的天职。

“一个学校的质量取决于学校里人的素质。”[①] **不管社会如何发展，教育如何变革，教育实践的中心始终是人，教育质量的关键是人的素质。**离开了这个中心，所有的改革与发展，都不过是伪改革、伪发展。

小结 走向教育家办学：校长发展的方向

我们今天教育的症结千头万绪，但其中一个基本的着眼点，确实就是校长。通过校长来带动一群群教师、一所所学校，通过校长们的努力来成就一所所学校的现在与未来。好校长不仅为学校发展搭建良好的蓝图，更重要的是奠定学校

① 哈佛燕京学社．人文学与大学理念［M］．南京：江苏教育出版社，2007：156—157.

发展的精神起点。好校长为教师的成长提供良好的平台，引领相互探究、敏于学习思考的学校氛围，为他们的发展尽可能提供有意味的和谐空间。好校长不仅是教师成长所依，也是当下一个学校发展的重要源泉与动力。**好的校长，成为教育理想的见证者，把教育的本质带入当下。**

今日的教育不仅需要埋头苦干，更需要抬头巧干，需要校长将仰望星空与脚踏实地结合起来。作为校长，需要自觉教育的使命，提升校长的襟怀。这种自觉至少包括以下几方面：对学生生命成长的自觉，自觉教育的本真使命乃是促成学生生命的健全发展与生命的进步；对当代社会文化走向的自觉，学校教育如何传承人类优秀的文化成果，启迪学生的文化精神，培养学校的文化理想；对当代教育自身文化走向的自觉，教育本身有自己的历史、传统与价值取向，我们需要什么样的教育，传递什么样的教育精神，以引领学校发展；对学校自身文化积累的自觉，学校如何立足本土文化自觉，注重学校历史累积，切实扩展学校文化内涵。优良的教育应该深入人心，深入人性，深入人生，给人以珍贵的回忆。作为校长，应该有足够的文化与生命的双重自觉。

“童年的生活不是‘小儿科’。童年的成长过程，小的关乎一个人的一生；大的关乎一个国家民族的童年成长和教育形态，以至该国家民族民众日后的文化素质和生存价值。”①教育关乎一个国家民族日后的文化素质和生存价值，因为教育直接地就孕育着个体的文化素质和生存价值。换言之，教育孕育着个体的生命理想和文化价值。教育的发展与变革，涉及一个国家民族的生命理想与文化价值的变革，或者说，教育的变革包容着对一个国家民族的“文化生活价值的终极的关怀”。②这不仅意味着教育问题的重要性，同时意味着**教育发展与变革的要旨，乃在于生命理想与文化价值的变革**，而非技术性的、表浅性的花样翻新。如果教育改革未能触及深层的生命理想与文化价值，这样的变革就必然会因为缺乏长久深入的力量而行之不远。

教育乃是一种理想性的事业，是一种需要在我们的内心之中树立某种迷魅或者魅力的活动，而不是一个简单的知识授受的加工过程。不管是教师还是学生，抑或家长与其他社会成员，对学校教育都要保持必要的温情与敬意，避免或者说减缓当下教育实践中越来越多的浮躁与功利之气。教育之事，小而言之，事关每一个年轻人的生命成长；大而言之，

① 张倩仪．再见童年：消逝的人文世界最后回眸[M]．北京：世界图书出版公司，2012：序第7页．

② 张倩仪．再见童年：消逝的人文世界最后回眸[M]．北京：世界图书出版公司，2012：序第7页．

关涉一个民族、国家的前途与命运，什么样的教育实际上就决定了民族、国家的什么样的未来。教书育人，兹事体大，不能不慎重。今日学校教育的发展需要不断地回到教育的基本主题，引导、促进个体以美好事物的欲求为中心的自我教育，实实在在地回到儿童，回到自由陶冶，给予他们人生早期以美好事物的经历，孕育健全的生命个体。

教育需要理想，教育理想就是我们对教育的认识、追求，就是我们的教育理念，就是我们的教育观。优良的教育实践吁求我们合理的教育观，也就是“观”教育、“观”学生的能力，也即我们观看教育的理想形式、观看学生发展的内在需要的能力。学校教育当然不能止于空谈，教育需要实践技艺（手段）的支撑，但真正的教育不能降格为单纯的技艺（手段），教育必须不断地甄定自己的方向与目标。换言之，优良的教育实践需要教育人持续不断地甄别教育的方向与目标，“观看”教育的理想，拥有自己的“教育观”，拥有作为教育实践者的教育之德性。

理想的根本意义并不在其能否实现，而是作为个体灵魂积极向上的状态，教育的理想或理念代表着个体灵魂的高度。好的学校教育也许在现实中是无法彻底达到的，但我们对好的学校教育的追求提升我们的教育理念，提升我们观看教育的能力，提升我们作为教育人的德性。教育实践的根本依据，就在于教师个体作为教育人的德性。确切地说，好的学校教育，其根本就在教师作为教育之“人”的完整德性。提升我们看教育的眼界，提升我们作为教育人的境界，我们才能从容地行走在校园之中，创造并享受以人的健全发展为指向的、富于儿童立场、富于生命关怀与文化趣味的生动活泼的学校教育生活。

学校教育的发展与变革不仅是技术层面的，更重要的是文化价值层面的，是文化—生命的。器物层面的变革是容易的，文化—生命形态层面的变革是十分艰难的，这意味着教育变革的渐进性。成熟的教育变革离不开社会持续性的文化启蒙的孕育。换言之，教育的变革需要社会文化启蒙来开启教育的精神空间，以激励教育中鲜活的生命理想，激活教育中文化价值变革的可能性。

这意味着校长的领导主要地体现为理念的引领、价值的开拓，而不仅仅是事务性的领导。也正因为如此，校长并不是一个官位。**正如一位优秀的教师本身就是一种价值一样，一位优秀的校长本身也是一种价值，一种绝对性价值，不需要一个行政级别或行政提拔来证明。**校长行走在教育的理想与现实之间，审慎地谋求学校的发展。强调校长作为职位而非官位，其基本意义乃在于凸显教育之理的优先性，强调校长对教育事理的充分进入，成为教育之理的承载者和显现者，而不是凌驾、游离于教育事理之上。校长深度地进入学校有机体之中，查漏补遗，引领学校发展的方向。校长所需要的不是作为管理者的主体意志的呈现，而是如何弱化管理者个人的主体意志，尽可能多地认同于当下学校可见事务背后的理之中，让教育之理在学校诸种可见事务中显现出来。

教育之理并不是校长给出的、赋予的，校长之为校长乃是教育之理赋予的。换言之，**你是校长，乃是因为你懂教育，你是教育之理的体现者、承载者。**教育之理引导着校长之为校长，教育之理让校长合法化，校长的存在让教育之理现实化。换言之，校长正是教育之理的肉身化，引导教育之理转化成学校之事，同时让学校诸种事务浸润着教育之理。理在事中，理通过具体学校事务显现出来；事在理中，学校事务在教育之理的光照中。校长成为教育事与理融合的中介、载体、主体。在这个意义上，**不是校长管着学校，而是学校管着校长，学校之事理引导、规约着校长的行动。**试图管住学校的校长是作为官位的校长，试图被教育所管住的校长是作为职位与平台的校长。这意味着教育家办学的必要性。

早在 1922 年，蔡元培在《教育独立议》一文中就明确提出："教育是帮助被教育的人，给他能发展自己的能力，完成他的人格，于人类文化上能尽一分子的责任；不是把被教育的人，造成一种特别器具，给抱有他种目的的人去应用的。所以，教育事业当完全交与教育家，保有独立的资格，毫不受各派政党或各派教会的影响。"① 教育之所以要交给教育家来办，正是因为**教育家作为校长，或校长作为教育家，才能紧盯着教育之理来实践学校之事，而不是仅仅盯着现实的成功。**尽管现实的成功也是必要的，但更为基本的是，校长能在何种程度上把握、践行、坚守教育的本真使命。缺少了内在教育精神的拓展，学校办学的成功就只有等同于应试教育的升学业绩了。教育家办学就是要以教育家的眼光办学，提升办学的境界。

校长一只眼睛紧盯着学校之上的世界，切实地把握学校教育的中心理念，也就是培养什么样的人的问题，也就是牢牢把握学生这个中心；一只眼睛紧盯着学校事务，把握学校事务的关键所在，也就是以教师为中心，寻求如何有效通达理念世界中的教育目标达成的问题。校长应该具备一种独特的视野，文化立校、思想引领、智慧办学、大德育人，便是

① 高平叔．蔡元培教育论集[M]．长沙：湖南教育出版社，1987：334．

这种视野的基本内涵。**如果说校长扎根学校，向上求取教育之真，是校长人格的眼睛；在现实的学校里抓住教育的核心，也就是教师，是校长人格的灵魂，那么在现实的社会中保持必要的独立，不盲从，从容行走在教育的理想与现实之中，这是校长人格的基石。**强调校长以理念先行，以哲学诉求为依据，同时紧抓住学校事务的中心，求得学校治理的内涵与秩序，实际上是在重温柏拉图的哲学王理念。

我们今天的时代，是一个呼唤教育家的时代，呼唤大教育家的时代。这个时代需要拓展教育视野，开拓教育气象，引领教育风尚。诚如时为春晖中学教员的朱自清所言：“教育者须对于教育有信仰心，如宗教徒对于他的上帝一样；教育者须有健全的人格，尤须有深广的爱；教育者须能牺牲自己，任劳任怨。我斥责那班以教育为手段的人！我劝勉那班以教育为功利的人！我愿我们都努力，努力做到那以教育为信仰的人！”[①]我们的民族，我们今天的时代，需要一大批以教育为信仰的校长，引领着更大一群以教育为信仰的教师，以全力促进学生发展、成全学生生命为己任，提升民族的少年气象，创造民族崭新的未来。

---

① 朱自清. 教育的信仰[J]. 春晖，1924(34).

现代散文家、诗人朱自清

朱自清（1898—1948），原名自华，号秋实，后改名自清，字佩弦。现代散文家、诗人、作家、学者、民主战士。1924 年 3 月到 1925 年夏末任教于春晖中学。

借用柏拉图《理想国》中的说法：除非教育家当校长或校长成为教育家，否则，学校是难以真正成为教育之道的肉身所系的。

结语

永怀教育理想的冲动

近代捷克著名教育家夸美纽斯曾经提出："我们对于国家的贡献哪里还有比教导青年和教育青年更好或更伟大的呢？"[①]或如卢梭所言，在所有一切有益于人类的事业中，首要的一件，正是教育人的事业。[②]教育就是在培植未来于当下的现实之中，就是在创造着未来。我们拥有什么样的教育实际上就代表了我们拥有什么样的未来。教育乃是我们时代最重要的事业之一，甚至，不客气地说，教育就是我们时代真正最重要的事业。问题在于，我们在自觉教育的重要性之时，究竟如何来担当这份沉甸甸的责任。

究竟什么样的学校教育实践是好的学校教育？好的学校教育其实不是一个理论论证的问题，或者说，首先不是一个需要理论来论证的问题，而一定是置身其中的学生与教师直接地感受到好的教育，进而通过这种教育实践，让学生和教师都能最大限度地得到成全的教育。

① 夸美纽斯．大教学论[M]．傅任敢，译．北京：教育科学出版社，1999：致意读者第2页．

② 卢梭在《爱弥儿》的序言中这样写道："尽管有许多的人著书立说，其目的，据说，完全是为了有益人群，然而在所有一切有益人类的事业中，首要的一件，即教育人的事业，却被人忽视了。"（卢梭．爱弥儿[M]．李平沤，译．北京：商务印书馆，2001：2.）

教育质量的根本乃是孩子们的生命质量，是他们如何凭借当下充实、丰富而美好的教育生活，走向健全的人生。好的学校教育，其中心就是如何给人以美好事物的经历。一个人，从小开始就能够充分地获得美好事物的体验，这种体验就会成为其行走一生的精神基础。不管他们今后走向何方，经历何种非预期的事物，年少阶段照亮个体心灵的美好事物都永远不会消失。人性的亮光永驻心中，这让他们的内心始终保留着人性之高贵的可能性。我们有的豪华学校越来越像宫殿，我们不知道孩子的体验是什么；我们的学校规模越来越大，我们首先考虑的是有多少人在这里读书，胜过关心怎样让每个人受到良好的教育；我们对如何教的关注远胜过对如何学的关注；我们的学校文化设计往往是做给外人评价的文化设计，而不是孩子们的体验。

我们今天的教育应该牢固地树立以人为本，以**学生为本，确切地说，是以学生发展为本，任何时候都紧盯着学生发展的内在要求，同时在任何教育情境之中都能执守我们作为教师应有的自由、从容、优雅的内心品质，以教师生命的卓越来激励学生、感染学生，焕发学生内心的自由、从容与优雅，由此而切实地回到儿童立场，回到生命关怀，回到文化育人，同时也切实地让教师回到自身。**缺少了教师自我生命的卓越，就不可能有卓越的学生生命状态的显现，在很大程度上，学生就是教师生命的影子。教育学究其根底而言，就是人学。实际上，教师置身教育实践中的生命品质在很大程度上决定了教育实践本身所能达的境界。

常言道："事在人为"。这个成语说的是人的主观能动性在实践中的意义。在学校教育早已普及的今天，教师也越来越多地失去了过去的迷魅，似乎稍微有点知识的人都可以走进学校，站上讲台。但一位真正优秀的教师，一所好的学校，对于一个人，对于一拨又一拨的孩子的终身发展的意义，却是大不相同的。优秀的教师，**总是能深切地意识到自我作为教师的根本意义之所在，他们在内心中坚守着属于自己的教育理想，在现实中则紧紧地盯着一个一个鲜活的孩子的生命成长。**

诸葛亮的《诫子书》中这样写道："夫君子之行，静以修身，俭以养德。非淡泊无以明志，非宁静无以致远。夫学须静也，才须学也，非学无以广才，非志无以成学。淫慢则不能励精，险躁则不能冶性。"淡泊乃是个体心志坦然面对外在的各种诱惑，由此而让自己本有的心志明白地显现出来；宁静则是个体自身心灵的安宁，让自我心志的力量向着远方更远处延展，襟怀广阔，通达更高远的人生目标，显明人生的价值谱系。

淡泊乃是淡泊于外在的名利以及物质世界的诱惑，避免心志被这些事物所遮蔽，也就是让这些事物在个人的视界中淡泊，由此而使得个人的心志有了显现的空间；宁静乃是对主体自身的属性要求，内心的浮躁、芜杂，会导致个体心灵的无序化，从而弱化个体心灵的力量，这样的结果必然是心灵高度的衰微。我们需要学会在日益繁杂的事务缠绕中回到自己，回到我们对内心、对教育的理想与信念，努力活出我们作为教育人的踏实、从容、纯粹与内心的安静。所谓“极高明而道中庸”，我们需要在内心秉持高远的教育理想，在实践中则一方面充分地理解现实的复杂性，同时努力创造条件，寻求基于现实条件与发展要求相结合的合宜的教育实践范式，一点点显现教育理想的踪迹。

教育乃是今日时代最严肃的事业，至少是最严肃的事业之一，我们需要怀着虔敬的心来从事庄严的教育事业。与此同时，理想的教育事业需要我们全身心地投入，需要我们创造性地投入。我们同样需要保持健康而愉悦的身心状态，由此激活我们的身心潜能，唤起我们置身学校教育情境中健康、优雅的生命姿态，这本身就是优良学校教育的最重要的基础。我们需要健康、愉悦地从事庄严、神圣的教育事业。**人的卓越乃是一切实践的根本所在。技术当然重要，但技术总是次**

要的，人才是根本性的。努力让自己活得更优秀，活在对优秀的欲求之状态中，以此来激励学生的优秀，这几乎就是一切优良教育的奥秘所在。真正的教育不是例行公事，而是人与人的交往，是以活跃的心灵唤醒心灵的活跃，是以卓越的生命激励生命的卓越。正因为如此，优良的教育总是意味着师生生命的共同实现：**师生共赴生命的卓越。**教育作为生命激励与成全的活动，其根本依据正是开放而成长中的教师生命本身。激励教师生命成长可谓好的学校教育如何可能的关键所在。唯有不断成长的个体才可能不断地领悟为师之道，不断地朝向学生，追寻智慧，在永无止息地欲求优良教育的过程中促成教育实践品质的提升。

“天行健，君子以自强不息”。我们需要保持健康的身体活动，让物质生命动起来，秉承天地生生不息之德性；同时，也以不断的阅读、思考与创造性的学问与教学实践，来保持活跃的心灵生活，让精神生命动起来，让健康的身体与心灵融会在积极而活泼向上的学校生活之中。“苟日新，又日新，日日新”，保持自我生命的创造性与生动活力，同时努力去引领、培育年轻一代积极健康的生命，成就中国学校蓬勃、健全的生命气象。正如马克思在《共产党宣言》中所言：“每个人的自由发展是一切人的自由发展的条件。”我们每个人都努力让自己活得优秀，就是在建构一个激励人的发展的教育空间。在学校生活中，努力让自己活得更优秀，让我们自己成为优良学校教育的一部分。

希腊神话中西西弗斯的故事堪称经典：西西弗斯触犯了众神，诸神为了惩罚西西弗斯，便要求他把一块巨石推上山顶，而由于那巨石太重了，每每未上山顶就又滚下山去，前功尽弃，于是他就不断重复、永无止境地做这件事。西西弗斯的生命就在这样一件无效又无望的劳作当中慢慢消耗。终于有一天，西西弗斯在这种孤独、荒诞、绝望的生命过程中发现了新的意义——他看到了巨石在他的推动下散发出一种动感庞然的美妙，他与巨石的较量所碰撞出来的力量，像舞蹈一样优美。他沉醉在这种幸福当中，以至于再也感觉不到苦难了。当巨石不再成为他心中的苦难之时，诸神便不再让巨石从山顶滚落下来。西西弗斯在这一奇妙的发现中超越了自己的命运。在那微妙的时刻，西西弗斯回身走向巨石，他静观那一系列并无直接关联却跟他自己的命运紧紧相连的生命行动，发现正是自己创造了自己的命运。于是他变得比他推动的巨石还要坚硬。征服顶峰的斗争本身，足以充实人的心灵。西西弗斯终于找到了属于自己的那一种幸福。[①]

推动巨石的西西弗斯

铁打的校园，流水的学生，一年一年，一拨一拨的学生从我们身边走过，每一拨孩子都是新的开始。我们需要一次又一次地鼓起师者的勇气，不断地从头开始，满怀热情，焕发自我创造活力，来点燃他们的心智。这其中，莫不是教师的命运所在？**勇敢地承负命运，在其中孕育自我生命的创造活力，以对人类、民族生命发展的执着、对年轻生命成长的挚爱来实践卓有意义的教师人生。**

且让我们重温好的学校教育的要义：教育的核心是育人，学校教育就是以对美善事物的欲求来激励个体成人；学校教育的根本着眼点是学生，学生之为学生的根本在于积极向学的生命；教师之为教师就是活在师生关系之中，成全学生的生命；教学就是师生一道，让学生愉快而充实地学习，以促

① 参见百度百科之西西弗斯，具体网址是：http：//baike．baidu．com/view/368401．htm?fr=aladdin。

成学生自主发展的活动；人文校园给师生优良的学校教育生活提供背景，学校教育就其实质而言，就是师生在人文化校园中所发生的活生生的交往；好的校长把教育的本质带入当下，让学校教育的理想一点点向着现实转化。

学生迷恋着美好事物，教师心向着学生，以成就学生为己任，校长在理念世界中紧盯着学生健全发展的同时，在现实世界中心向着教师，学校师生共同浸润在自然与人文彼此辉映的校园之中，共同造就蓬勃向上的学校生命气象。好校长成就好学校，好学校孕育好的学生。好的学校会让学生感到在这里求学是一件幸福的事情，也让教师在这里找到生命的安顿与精神的依恋，让他们每每在人生的旅途之中驻足回望，都会充满感激与一份来自心灵深处的感动。这就是和谐的学校教育生态，这就是学校教育的理想国，这就是今日学校教育之梦。这个梦，不仅属于我，也属于你，属于他，属于我们大家，属于未来的人们，属于这个世界。

当理想在心中涌动，路就在脚下。

后记

本书根据我 2013 年 10 月播出的“中国大学视频公开课”之“好的学校教育如何可能”整理修改而成，同时是 2014 年度湖南省教育厅科学研究重点项目“什么是好的教育——学校教育的哲学阐释”研究成果（课题编号：14A087）。

为了上好视频课，我 2012 年就开始零星地准备内容，紧锣密鼓地进行录课则是在 2013 年 3 月。为了一个恰当的标题，需要穷心尽力；为了找一个合适的案例，要翻阅很多资料；原本每一次上课我都会有某种紧张感，要录像自然就更加重一份紧张。每次录课前，我都会随意地讲一讲，以缓解自己的紧张，但往往是每次随意的开头讲得很好，一正式开始录课又难免紧张，以致录出来的效果有时候并没有我平时随意讲课时的效果好。但经历一次录课，我对如何上课可以说有了基于心灵探索与身体的双重体认。

就教学内容的设计而言，体会最深的就是如何**抓住最重要的事物。**我在提交的课程简介中这样写道：

学校教育在当下的重要性毋庸置疑，人们对优质学校教育的欲求日渐提升。关键问题是我们究竟需要什么样的学校教育？好的学校教育究竟如何可能？选题融理论意义和现实意义于一体。本课程以教育哲学的思考介入当下学校教育，抓住如何激发学生对美好事物的欲求这一教育的灵魂性的问题，展开学校教育的各个基本要素的哲学解读，主要包括教育、学生、教师、教学、学校和校长六个关键词，借以阐发学校教育的基本理念，进而展现好的学校教育之可能性。

要在短短六节课中，说清楚好的学校教育几乎是不可能的，我只能是取一瓢水饮之，我选择的视角就是我们究竟需要什么样的学校教育，学校教育的理想何以一点点显现出来。围绕这个主题，我抓住最重要的六个主题：教育、学生、教师、教学、学校和校长，逐一展开其哲学意蕴的阐释。就其中的每一个小主题，也是采用同样的方式，选择最重要的内容来谈，不求完整，力求展现我对该主题的理解与期待。在阐释过程中，我采用的最重要的方法，就是**典型材料的选用和典型情境的分析，**力求把我对学校教育问题的思考融入到生动的情境之中，从而在生动而不乏优雅的情境中让听者自由地参与其中，激活他们对好的学校教育的想象，以优雅的情境和优美的语言带出听者作为爱教育之人的完整存在，而不是简单地把我心以为然的所谓学校教育知识强加给听者，让他们作为被动接受的容器。

课程录像之后需要剪辑，我请学生帮忙，把讲课中的每一句话，包括一个口头禅，都打印出来，然后像删改文章一样地把多余的词句统统描红，让视频制作人员剪辑掉。结果，把修改后的视频拿回来再看，发现视频已经被剪辑得支离破碎。视频编辑过程中，每剪辑一次，就需要切换一下镜头，才能使视频看起来不跳跃。但问题是剪辑太多，画面同样在不停地切换，看得人眼花缭乱。后来，视频制作的负责人告诉我，其实讲课可以保持一些随意的话语，不需要像论文一样，每个字都斟酌。后来我们按照他的建议修改视频，尽量保持讲课的完整性，果然后面剪辑的效果出乎意料地改观。我突然明白，原来自己讲的课也是一个独立的客体，不是随意剪裁的对象，就像雕刻家刀下的石头一样，并不是雕刻家想怎样雕刻就怎样雕刻，恰恰是隐匿在石头之中的完整雕像自身向着雕刻家显现自身，优秀的雕刻家正是顺着完整雕像显现自身的轨迹而审慎地雕刻。

人世间的道理竟然是如此相通：**学生并不是我们随意教授、任意改造的对象，我们只是顺着他们成长的内在理路而尽可能充分地引出属于他们自己的成长；在我们教学生的同时，学生也在教我们如何做老师；不是我们教学生，而是学生教我们如何显现让他们显现他们自身。**不是我们上课，而是课先上我们；不是我们研究事物，而是事物研究我们，事物通过我们的研究显现自身。在我们说话的同时，话也在说我们。

也许正是不乏艰辛的实践，让个体身心潜能的扩展达到极限，由此而极大地开启人的心智，促成人的自我发现。每一个卓有意义的实践几乎都是艰难的，可谓心灵的历练，**每一次深度的实践都可能是一次自我生命的重新发现。**

年过 40 之后，似乎逐渐有一种世界在眼前豁然开朗的感觉。我发现自己思考问题已经开始越来越多地从自己的肉身欲望中超越出来，逐渐把自己融入世界之中，也让世界融入自我。对于教育的思考，也似乎少了一种激情的批判，而是在认清现实的严峻性的同时，怀抱热情，一丝一缕，去探求现实教育的希望所在。曾经因为对乡村教育的思考而有幸结识钱理群先生，并多次聆听他的教诲，印象颇深的一点就是低调的理想主义，我确乎也越来越多地认同于一种低调的理想主义生命姿态，坚持理想主义让我内心总是力图超越周遭的平庸与琐碎。低调则让我少一些冒进，更多地以平常之心埋头于自己心仪的教育理想诉求之中。明知难以成为现实也依然无怨无悔，我因此而体会了鲁迅所言的韧性的坚持。

偶然读到崔卫平的一段话："你所站立的那个地方，正是你的中国。你怎么样，中国便怎么样。你是什么，中国便是什么。你有光明，中国便不黑暗。"忽然明白，最要紧的是**活出自我生命的亮光。**也许，我们的光太弱，无法照亮他人，但我们依然努力点亮我们自己的心，以照亮我们虽卑微却是唯一的人生。

视频课与本书的完成不仅是我个人努力的结果，更是团队努力的结晶。感谢我的学生，他们是刘艳侠、刘楠、曾令斌、申斐、张文联、黎利、廖敏、姚希、文茜、吴沛玲。还有我的爱人，她不仅全程予以敦促和支持，而且承担了整个团队行动的组织、协调，更重要的是，剪辑过程中好多次都是我们俩一起修改到深夜。没有他们，我的工作几乎无法完成。他们的存在让我一次次明白，**生而为人，就是活在他人之中。**我们一路同行，活在这珍贵的人间。

补记

没想到因为本书的出版，让我有幸跟朱永新先生结缘。高教社的延娜女士为了让我的这本小书“高大上”一点，期待我能找一位合适的高人写个序言。看她为我的书如此费心，也觉得这是个不错的主意，便在脑海里搜索合适的作序之人。本书主要是面向教师和教育爱好者的普及性教育哲学读本，但其中也蕴含着不少学术的探索。我很快就想到了朱永新先生。几年前，源创图书的法源君约我一道去见朱先生，可惜未能成行。赶紧跟延娜联系，请她提供联系方式。当晚就给朱老师发邮件。第二天早上，我收到了朱老师的回信：“谢谢铁芳兄信任。我一定尽力。请告知最后截稿时间。因为最近在准备新教育年会的主报告。永新。”时间是前一天晚上 22:22。几天后，我要去北京参加一个会议，想起能否趁这个机会见见朱老师。马上短信，很快就收到回复：

——朱老师您好：我是刘铁芳，非常感谢您对我的支持！我今天下午去北京，不知您今晚是否方便，我想去拜见您。非常感谢！铁芳敬上。

——呵呵，欢迎。可以到我家晚餐。不知道您几点到北京？

——啊。您太客气啦。不晚点的话是 5：00。能见上您一面就行！谢谢。

——我家离机场很近。您直接从机场过来就可以。还有两位新教育朋友您一起认识一下。一会儿我把地址发给您。

一会儿，朱老师把地址发来。地址很长，分别提供了坐车、坐地铁等不同方式到达的路线。6 点多，我和延娜一起进了朱老师家门，好像进了很熟悉朋友的家，头一回见面几乎没有什么拘束感。简单寒暄几句，新教育的两位朋友进来，朱老师招呼我们到餐厅就座。桌上摆了三四个菜碟，有一碟牛肉、一碟芋头。朱老师从冰箱里取出冰冻的龙虾，说是来自他家乡的非常好的美食。怕我们不知道怎么吃，朱老师一边给我们介绍吃法，一边示范，吃得津津有味。我也不知不觉被感染了，学着慢慢吃起来。吃完龙虾，朱老师又到厨房做了西红柿炒鸡蛋和蔬菜汤，看上去一切都很娴熟，井井有条。

大家一边吃饭，朱老师跟我介绍新教育实验的新进展，另外两位新教育的朋友生动地描述相关情况，朱老师也问起我正在研究的主题，大家一起聊得欢欣随意，连习惯紧张的我也变得轻松惬意。我当时就想起，难怪国外名校的餐会乃是重要的教育场域，跟有学问的长者在一起，享受美味的同时也享受精神的佳肴，可谓二美兼具，人间乐事。

从朱老师家出来，我不由得感慨：朱老师不只是一个可亲的人，骨子里就是一个可爱的人。好的教育其实就是从可亲可爱的人心中生发出来的、自然而质朴的行动。一个人要做一件事情，并没有想象得那么难，难的是如何真正拥有一颗向上的心。你真诚地向世界开放的时候，世界也在向你开启。人与人的距离，说远可以无限远，说近其实也可以很近。**活在世上，最美好的事莫过于跨越千山万水、千沟万壑而发生的、充满着自由与温暖的人与人的相遇。**

很快就收到了朱老师写的序言，而我心中依然清晰地萦绕着那充满着冰冻龙虾味的家庭聚会。我愿意怀揣着这份难得的相遇，向着教育世界的更深更远处漫溯，不停地寻求内心之光源，且行且珍惜，让自我微茫的生命尽可能多地积蓄一份光和热，并且努力地向着这珍贵的人间传递一份光，发出一份热，以烛照、温润生命中那挥之不去的无涯之虚空。